常春藤传记馆

温儒敏／主编

东方学泰斗

季羡林传

杨天舒　著

長春出版社
国家一级出版社
全国百佳图书出版单位

图书在版编目(CIP)数据

东方学泰斗：季羡林传 / 杨天舒著. —长春：长春出版社，2021.12
(常春藤传记馆 / 温儒敏主编)
ISBN 978-7-5445-6551-6

Ⅰ.①东… Ⅱ.①杨… Ⅲ.①季羡林(1911-2009)-传记 Ⅳ.①K825.5

中国版本图书馆 CIP 数据核字(2021)第 240649 号

东方学泰斗：季羡林传

著　　者：杨天舒
责任编辑：吴　尧
封面设计：长春出版社美术设计制作中心

出版发行：长春出版社　　总编室电话：0431-88563443
编辑室电话：0431-88524640　　发行部电话：0431-88561180
地　　址：吉林省长春市长春大街 309 号
邮　　编：130041
网　　址：www.cccbs.net
制　　版：荣辉图文
印　　刷：延边星月印刷有限公司
经　　销：新华书店

开　　本：880 毫米×1230 毫米　1/32
字　　数：110 千字
印　　张：8
版　　次：2021 年 12 月第 1 版
印　　次：2021 年 12 月第 1 次印刷
定　　价：25.80 元

总　序

温儒敏

十多年前，我主持人民教育出版社高中语文教材的编写，其中选修课就专门设置有《中外传记选读》一种，我自己还动手编写了这本教材。因为受高考“指挥棒”影响，一般学校的选修课未必真能让学生自主选修，很多选修教材编出来都没有使用，但《中外传记选读》一直很受欢迎，每年都有重印。这让我对传记的阅读推广有了特别的关注。

我还注意到最近三四年高考语文试题命制的一种趋向，无论全国卷还是其他省市卷，阅读题往往都选传记作为材料。比如今年（2016年）全国卷的甲、乙、丙三个卷子，文言文阅读的材料全是传记，包括《明史·陈登云传》（甲卷）、《宋史·曾公亮传》（乙卷）和《明史·傅珪传》（丙卷）；现代文阅读的实用类文本也多用传记，节选

了《吴文俊传》和《陈忠实传》。可见传记阅读越来越受到重视，考试也有意往这方面引导。

中小学语文教材也应当多选一些传记。现在教育部正组织编写一套新的义务教育语文教科书，聘我担任总主编，这套新教材就选了不少名人传记，并鼓励学生多读传记。

为什么中小学生要多读传记？我曾在《中外传记选读》的前言中说过理由，这里不妨转述一下：

> 同学们都渴望能拥有健全、快乐和成功的人生，现在的学习阶段就在做准备，而且其本身就已经是你人生经历的一部分。我们该怎样设计自己的人生？当然最重要的还是学习。除了学习文化知识，还要从历史人物或者成功的人物身上学习宝贵的生活道理、人生哲学以及获取成功的途径。这就是励志教育，是人生教育中非常重要的部分。人都需要不断添加生活的动力，特别是在年轻的时候，要有偶像和楷模，有高远目标的激励。如同英国思想家培根所说过的："用伟人的事迹激励我们，远胜一切的教育。"让同学们从

那些杰出的成功的人物身上吸取人生的经验，从前人多种人生道路的选择中寻找我们各自的“契合点”，这就是我们设立这门课的主要目的。

这里说的“设立这门课的主要目的”，其实也是我们推出这套“常春藤传记馆”丛书的目的。

“常春藤传记馆”丛书由北京大学语文教育研究所组织编写，长春出版社出版。全套丛书初步设定为100种，每本10万字左右，其选目、内容和写法都是为中小学生“量身定制”的。我们希望这套丛书能作为基本图书进入中小学图书馆。和其他同类传记图书相比，“常春藤传记馆”丛书有四个特色：

一是传主覆盖范围广。包括中外古今各个领域的名人，涉及政治、军事、科学、实业、社会活动、文学、艺术、革命等领域。重点考虑有代表性的、在精神层面可以给学生激励的那些名人。

二是和课程教学有呼应。中小学除了语文，各个学科的教材和教学都会涉及中外古今各个领域的著名人物，选择主题首先考虑这一情况，选取学生有所接触又可能希望进一步了解的那些名人。这可以满足学生不同的兴趣爱好。

三是专门为中小学生编写。本套传记不是专业性强的评传，而是重在勾勒传主生平事业贡献的小传，内容和文字力求深入浅出，生动形象，有趣有味。阅读对象接受水平可以定位在初中程度，也可以稍高一点。特别是有些理科方面的传记，主要面对高中生。其实，小学生的课外阅读也要取法乎上，他们可以读这套为中等文化水平的读者设计的书。

四是内容安排上特别注重励志及健全的人格心理引导培养，在叙说传主生平事迹时，适当地自然地凸显这些方面的思考。

丛书取名“常春藤传记馆”，有特别的含义。“常春藤”是一种多年生常绿藤类灌木。美国哈佛大学等几所著名的私立大学，组成体育联盟，叫“常春藤盟校”，其起名是因为这些老校的校舍墙上常攀缘有常春藤。本丛书以“常春藤传记馆”作为标识，是虚拟的意象，可以联想到著名的学府，也可以联想到古代的书院，从而营造浓郁的阅读氛围和宁静的心境。另外，“常春”和“长春”同音，暗含这套丛书是由长春出版社出版的。

但愿广大师生喜欢这套书，也期盼大家提出批评建议，共同来经营好这套书，让“常春藤传记馆”更好地满足广大读者，特别是中小学生课外阅读的需求，满足语文教学的需求。

2016年6月30日济南历下

（温儒敏，山东大学一级教授，北京大学中文系教授，教育部聘义务教育语文教科书总主编）

目录

contents

引　言

对于季羡林（1911—2009）这位东方学大师，各种电视、报纸和网络媒体对他都有很多报道，我们并不陌生。作为北京大学的终身教授，他通晓英文、德文、梵文、巴利文、俄文、法文、吐火罗文等多种语言文字，在语言、文学、佛学、史学等多方面有卓越的学术贡献，堪称东方学学界泰斗。也许我们会好奇，巴利文、梵文、吐火罗文……这些在我们日常生活中也许根本不会接触到的语言文字，这些跟普通人一生可能都不会发生任何关系的专业，是怎么进入季羡林的视野，并成为他一生的志业呢？

如果时光倒流至1935年8月，24岁的季羡林在清华办理赴德留学手续的时候，他还并没有确定攻读什么专业。当时，同屋一位已毕业并任保险公司总经理的学长，再三劝说季羡林到德国后学习保险，将来回国，“饭碗”绝不成问题，甚至是一只“金饭碗”。试想一下，较短的留学时间，较快的回国谋职，较高的经济回报，这对于靠全家举债筹资才得以出国读书的季羡林来说，多么具有诱惑力。然而季羡林后来坦言，自己当时虽然尚未确定终身志业，却一向对做官、经商都无兴趣，对发财亦无追求。如果选择老学长推荐的这只“金饭碗”，只能说是选择了一个职业，却与自己大学时期对语言的学习兴趣完全背离。

那么，是选择一个有较快收益的职业，还是遵从内心，追寻自己真正喜爱的终身志业？如果选择前者，几年后中国的北平或上海也许就会多了一个留学归来的保险公司经理，在俗世中谋职求生，过着大多数人的生活。但显然，年轻的季羡林选择了后者。所以，许多年后，中国的北京大学东方语言文学系，才有了学术泰斗季羡林。当他自比西天取经的玄奘法师，带着“万里投荒第二人”的心境踏上留学之路的时候，内心一定已经确定了自己想要的是终生的志业，是学术的追求，而非功名富贵，浮世的悲欢。

现代诗人戴望舒有一首叫作《寻梦者》[1] 的诗作写道：

梦会开出花来的，
梦会开出娇妍的花来的：
去求无价的珍宝吧。

在青色的大海里，
在青色的大海的底里，
深藏着金色的贝一枚。

你去攀九年的冰山吧，
你去航九年的旱海吧，
然后你逢到那金色的贝。

它有天上的云雨声，
它有海上的风涛声，
它会使你的心沉醉。

---

①中国现代文学馆编：《戴望舒代表作》，北京：华夏出版社，2011年版，第84—85页。

把它在海水里养九年，
把它在天水里养九年，
然后，它在一个暗夜里开绽了。

当你鬓发斑斑了的时候，
当你眼睛蒙眬了的时候，
金色的贝吐出桃色的珠。

把桃色的珠放在你怀里，
把桃色的珠放在你枕边，
于是一个梦静静地升上来了。

你的梦开出花来了，
你的梦开出娇妍的花来了，
在你已衰老了的时候。

也许，年轻的季羡林就是这样一个寻梦者，那象征着人生志业的金色贝壳，值得用尽一生去追求，不是急功近利地要求回报，而是相信最美好的时光就在寻梦的路上，在日复一日的努力中静待梦想开花结果，别人谓之孤独辛苦，而自己甘之如饴。

第一章
齐鲁大地　乡土少年

1911年8月2日[①]，正是农历闰六月初八，在山东省清平县（现并入临清市）康庄镇的大官庄（也叫官庄）的季家，一个男孩出生了。在他出生十天后，叔父家的堂妹紧接着出生，可谓双喜临门，于是男孩乳名就叫双喜，大名季宝山。而现在人们熟知的名字——季羡林，则是他到济南之后才改的。这一年，正是辛亥年。就在他出生两个多月后的1911年10月10日，爆发了辛亥革命，紧接着，延续了两千多年的帝制被推翻，

①季羡林在1986年公开出生时间为1911年8月6日，实为误记。参见季羡林口述、蔡德贵整理：《季羡林口述人生》，北京：外语与教学研究出版社，2010年版，第3页。

中华民国成立，新旧交替、充满变革的时代开始了。当地的乡下人并不十分懂得这种变化，他们管当皇帝叫“坐朝廷”，一提到“朝廷”二字，仍是肃然起敬，可以说是皇威犹在，旧习未除。也因为这两个多月的“时间差”，季羡林后来常常戏称自己是“满清遗少”。

当时，山东省是贫困省，而清平县属于鲁西北，是“穷中之穷”。季羡林出生的“大官庄”，名字中虽然有个“大”字，却是个名副其实的小村庄。季姓在官庄又是小姓，只有几户人家。那时，为了显示人丁兴旺，一个姓氏的族亲往往采用堂兄弟大排行的方式以壮家族声势。季羡林的祖父季老苔兄弟三人，共有十一个儿子，就是按照年龄进行大排行的。季老苔的大儿子季嗣廉，是季羡林的父亲，排行第七；二儿子季嗣诚，是季羡林的叔父，排行第九，所以季羡林有时称他为九叔；三儿子排行十一，因为贫穷，出生不久即送人，跟着领养家庭改姓刁。这些堂兄弟中有好几个人先后背井离乡去闯关东，大多客死东北，终生没有返回故乡。

季羡林曾回忆说，自己的祖上大概也曾是小

康人家。可是到了他父辈出生的时候，已经家道中落，形同贫农。祖父母过世较早，父亲和叔父二人，经常衣不蔽体，食不果腹，饿急了就到村头的枣林里去拣落到地上的枣子来吃。[1] 后来年龄稍长，兄弟二人就去济南闯荡，可在济南依然不能喂饱肚子。于是二人商量，季嗣廉返乡务农，季嗣诚则独自在外闯荡寻找机会。几年后，季嗣廉娶了邻村五里长屯的赵姓女子为妻。她就是季羡林的母亲季赵氏，一个同样贫穷、没有自己名字的普通农村女性。

在外闯荡的叔父季嗣诚离开济南，像几位堂兄弟一样去闯关东。命运的奇迹就这样发生了。在东北，他用身上仅有的一块银圆，购买了当时正在发行的湖北水灾赈灾奖券（即彩票），结果中了头奖，得了三千大洋。兄弟俩从小相依为命，感情颇深，叔父拿到奖金后决定衣锦还乡，与兄长分享这笔巨额财富。他雇了一个小推车队，将银子换成的制钱，一车一车推回故乡。

兄弟俩一夜间成了暴发户。叔父在济南城落

① 季羡林：《季羡林自传》，北京：当代中国出版社，2008 年版，第 1 页。

了户；父亲季嗣廉也买了六十亩的水浇地，并迅速盖起了东、西、北三合院各五间的大瓦房。因为一时筹不到足够的砖瓦，季嗣廉甚至在村中悬赏，花高价从邻居处购买。当时好多贫困户拆了自己家房子的砖瓦高价卖给了他。

官庄没有自己的市集，村民们的买卖用度，一般都要五到十天去赶一次集。季嗣廉有钱之后几乎逢集必赶，动辄大手一挥，拿出钱来请所有赶集的人吃午饭。他这一豪侠之举，令远近乡邻慕名而来，甚至还有一些绿林好汉。吃客愈来愈多，“季七爷”（父亲在族兄弟中大排行第七）的美名从此传开。但另一方面，却是弟弟送来的钱财很快被挥霍一空。没钱了，他就开始卖自己的水浇地；地卖光了，他就拆卖自己的房子——当初高价购入的砖瓦，如今只能低价贱卖。一边是不断卖地卖房，另一边依旧在市集“仗义疏财”包请乡邻的中午饭，“季七爷”终于败光了家产。到季羡林出生的时候，家里只剩下三分地和三合院中的西屋了。

从兄弟中奖一夜暴富，到家财散尽迅速落魄，仿佛南柯一梦。在今天看来，季嗣廉的行为简直令人匪夷所思。人们大都将其与《史记·游侠列传》中的朱家、郭解这样尚义任侠之士对举，突出他“以侠义自任”的性格，可往往忽略了事情的另一面。季羡林曾说，自己的父亲“一辈子没有挣钱，只会花钱”，是一个“败家子”。[1]“没有挣钱”说出了关键点。中彩票、中大奖当然是很多人的梦想，或者说很多人都幻想过，可很少有人真正经历过，当然也就体会不到幻想突然成真之后的巨大心理冲击。“没有挣钱”，就是趋近于零的财富经验，又如何面对和管理不劳而获的巨额财富呢？因财富而瞬间跃迁的身份和地位是他面临的第二个问题。在一夜暴富后面对乡亲邻里时，如何消解内心深处身份认同的焦虑？季嗣廉显然从观念、能力，到个性、心理，各个方面都没有准备好，没有足够的积累来匹配这笔意外获得的财富。所以说，季羡林的父亲再一次证明了，传奇到处都是，可不见得都有圆满的收场。

季羡林出生后，家境越发贫穷。不但缺衣少穿，甚至没有钱买盐，只能把盐碱地上的土扫起

①季羡林口述、蔡德贵整理：《季羡林口述人生》，北京：外语与教学研究出版社，2010年版，第10页。

来，在锅里熬出咸水，用来腌渍咸菜。一年到头，全家只吃这种咸菜。至于香油，则根本没有见过。

大概因为饥饿，对于童年，季羡林反而充满了各种关于“吃”的记忆。他记得三岁的时候，每天一睁眼，抬腿就往村里跑（他家在村外），跑到大奶奶跟前，等着她把手一蜷，从肥大的袖子里掏出一块白面馒头递给自己。大奶奶是父亲的一位堂伯父的妻子。这位堂伯父是前清举人，家境不错，曾经照顾过季羡林的父亲和叔父。季羡林懂事的时候，举人爷爷已经过世，这位善良的奶奶，是村里极少数可以经常吃到白面的人。她每天将两个儿子（每家有几十亩地）孝敬她的白面馒头省下一块，留给她很喜欢的这位族孙。这成为年幼的季羡林每天最高的享受，最大的愉快。

他还记得，四五岁的时候，跟着母亲到家里仅有的三分地去，摘一点还没有成熟的绿豆荚，回到家把绿豆剥出来，熬粥吃。等不到绿豆成熟就不得不摘下来吃掉，可见家中生活的捉襟见肘。还有，就是到富人家的地里去“拾麦子”。所谓拾麦子，就是地主家里的长工收割麦子后，总会剩一些零星的麦穗散落在地上，对于富户来说，这些是不值得一捡的，贫穷的农户就会来“拾”。有时候，村子附近富户家的地早已被“拾”干净，季羡林就跟着邻居宁家婶子和大姑，一起走到村外很远的地方去“拾”。零星散落的麦穗当然不会很多，努力拾上半天，也不过半篮子。往往要忙碌整个夏天，才能收获八到十斤。对于一个四五岁的小孩来说，这自然是辛苦的工作。如果拾得多了，母亲就亲手将麦穗搓出来，磨成面粉，蒸成馍馍，或者贴在锅边，做成白面锅贴饼子，作为奖励让他解馋。他们平常只能吃红高粱面饼子，至于白面做的吃食，一年到头都很少有机会能吃到。季羡林每次吃到“白的”，都如获至宝，有时一块小小的贴饼吃不够，就忍不住再偷吃一块。被母亲发现追撵，就一路疯跑逃到房后，往水坑里一跳，站在水中把剩下的白面饼子尽情地享受了。母亲自然不会蹚水去抓他，也不是真的要打年幼的儿子，然而家景每况愈下，母亲对吃食的吝惜，饱含着多少人世的艰辛与无奈。

季羡林另一个关于“吃”的记忆，是五岁左右的时候，开始到庄外的高粱地里劈高粱叶——高粱叶可以喂牛。因为叶子被劈后，通风情况就能得到改善，高粱就能长得更好，粮食也有望打得更多，所以高粱地的主人也是欢迎别人来劈叶的。季羡林自家没有耕畜，他每每都劈一大捆高粱叶背在身后，到举人爷爷的二儿子——季羡林称之为二大爷——的家里，用自己的劳动蹭一顿饭吃，多是“黄的”——玉米面的窝头、贴饼之类。在季羡林看来，这虽然比不上“白的”，但比起自家又苦又涩、难以下咽的红高粱面饼子，已经是难得的美味了。二大爷家有两头耕牛，雇着长工，在村里是第二富户。但在季羡林的记忆中，并没见过二大爷吃白面馒头，每天仍是吃玉米面饼子或窝头。而且，几年里他也只见二大爷炖过一次肉吃。

富户尚且过得如此，更不要说穷困如季羡林家了。六岁之前，他根本没有吃过肉。关于吃“肉”的唯一记忆，是姥姥带给他的肉汤冻。住在王里长屯的姥姥家也很贫穷，隔壁就是卖牛肉的铺子，可根本吃不起牛肉。姥姥疼爱外孙，偶尔就买一罐铺子里用牛肉汤做成的汤冻，带给季羡林吃。虽然只是汤冻，里面没有肉，但年幼的季羡林也算得识得肉味了。有一次，肉汤里意外地有一块牛肚，他视若珍宝，舍不得一下子吃掉，就用生了锈的小铁刀，一块一块地割开，慢慢地体会其中的滋味。

还有一次，季羡林的母亲不知从哪里弄到一块月饼，自己舍不得吃，给了季羡林。很多年以后，季羡林仍然觉得，这滋味无法用语言形容。[1]也许无法形容的，并不是月饼的味道，而是生平第一次吃月饼的震惊体验。在后面漫长的人生中，他尽可以吃遍各种精致的中西糕点，描述各种口味的月饼，但那都不是第一次的味道。一个整天吃简单粗粮和咸菜的乡村孩子，从不知糕点为何物，突然吃到这精致的美食，绵长复杂的味道，已经完全超出了他的认知范围，在他幼小的味觉体验中产生的那种震惊，也许一生都无处安放。

季羡林的父亲，能识字，会写信，在农村也算知识分子了。他将读书的厚望寄托在儿子身上。在季羡林四岁到六岁之间，父亲曾给他请过一个叫马景恭的先生。因为本村没有小学或私塾，这样的家境也供不起孩子出门读私塾，所以只是请个先生有空教他识字。关于马先生，季羡林的记

①季羡林口述、蔡德贵整理：《季羡林口述人生》，北京：外语与教学研究出版社，2010 年版，第 18 页。

忆早已模糊。只记得当时家徒四壁，不要说书本，连带字的纸片都没有一张，但他确实识了一些字。对季羡林来说，重要的不在于马先生教了什么，有没有学问，而是他给自己懵懂的童年打开了知识的大门。他一生都对这第一位先生心存感激。

在那个时代，男丁是整个家族最重要的“财富”。季嗣廉一辈堂兄弟大排行共十一人，可惜世事多艰，好几个堂兄弟去闯关东后再无消息，已有子嗣的，孩子又都不幸亡故。到季羡林这一代，竟只有他一个男丁了。叔父只有一个女儿，就希望将季羡林过继过来。父母为了孩子的前途，忍痛答应下来。听到消息，又有好几个叔伯兄弟来争着过继家族里这唯一的男丁。最后堂兄弟们协商，季羡林将来在济南娶个媳妇，生的孩子归叔父，在临清再娶个媳妇，生的孩子归二大爷。虽然六岁的孩童还完全不懂成年人所商议的这一切究竟是什么，但是他的人生，却从此不同了。

1917 年旧历春节前夕，六岁的季羡林离开家乡，被接到济南过继给叔父季嗣诚。

叔父在济南闯荡时，曾进入武备学堂（清末的陆军学校）学习。当时，这种学堂不收学费，管吃管住，每月还会发一点零用钱，非常适合贫困子弟。叔父在这里修习过水利专业，并凭着这个专业，进入济南黄河河务局工程科工作，终于在济南立住了脚。季羡林来时，他已经在河务局工作，一家人租房住在棋盘街。对于叔父，季羡林晚年曾经回忆：

> 叔父是一个非常有天才的人。他并没有受过什么正规教育。在颠沛流离中，完全靠自学，获得了知识和本领。他能作诗，能填词，能写字，能刻图章。中国古书也读了不少。按照他的出身，他无论如何也不应该对宋明理学发生兴趣；然而他竟然发生了兴趣，而且还极为浓烈，非同一般。①

从此，季羡林在叔父家住下来。叔父管家教子都极其严格。例如在饭桌上，如果孩子们连着夹了两筷子同一种好吃的菜，到第三次再要夹时，他就会把这个孩子的筷子打掉在地上。如果吃饭呱嗒嘴，发出大的声响，也会被认为是没有出息、

---

①季羡林：《我的心是一面镜子》，《季羡林全集》第5卷，北京：外语教学与研究出版社，2009年版，第518页。

一辈子没吃过东西而受到训斥。在乡野中长到六岁的季羡林，对于这陌生的环境和严苛的家教，最初颇为不适，更加思念母亲：

> 一个六七岁的孩子离开母亲，他心里会是什么滋味，非有亲身经历者，实难体会。我曾有几次从梦里哭着醒来。尽管此时不但能吃上白面馒头，而且还能吃上肉；但是我宁愿再啃红高粱饼子就苦咸菜。①

当时，只有跟季羡林睡一个房间的女佣王妈，看着半夜哭醒的孩子，给他幼小的心灵一点安慰和陪伴。七岁左右的时候，季羡林还得过一次天花，非常凶险。当时没有什么好的治疗手段，又是传染病，只能躺在床上静养等待。没有母亲在身边的七岁少年，即便得到叔婶的尽心看护，心中仍然倍觉孤苦：

> 我能躺在一个非母亲的人的怀抱中打滚撒娇吗？这是不能够想象的。我不能说叔婶

①季羡林：《我的童年》，《季羡林全集》第 2 卷，北京：外语教学与研究出版社，2009 年版，第 26 页。

虐待我，那样说是谎言；但是在日常生活中小小的歧视，却是可以感觉得到的……①

季羡林这里所说的“小小的歧视”，指的就是家里给孩子们做新衣服的事。到了夏天，家里给他们兄妹做衣服。他发现叔父的亲生女儿季惠林（乳名秋妹）的衣服是最好的府绸料，而自己的则是普通的布料。也许对于家长来说，女孩子安静听话，做件漂亮的府绸小衫可以穿个两年，男孩子淘气好动，做件布衣耐脏好洗，也不算什么过分的偏心之举。何况如今的生活条件，比起季羡林在乡下衣不蔽体且饥一顿饱一顿的日子，已经不知好了多少倍。

但是人的心理和情绪，却并不能单纯地用物质条件的改善来填平。在乡下虽然过得穷困，季羡林却是家里的独子，父母的心头宝，整个族里唯一的男丁。大奶奶的白面馒头，二大爷的玉米面贴饼，姥姥家的肉汤冻，都彰显着一大家族人

①季羡林：《我的小学和中学》，《季羡林全集》第4卷，北京：外语教学与研究出版社，2009年版，第12—13页。

最多的宠爱与关注。在严重重男轻女的氛围里，在家中又是独子的季羡林，面对叔父婶母和只比自己小十天的妹妹，敏感的心态失衡了。在叔父家，穿上新衣的季羡林，只更觉得寄人篱下的伤感。他和叔父婶母之间，永远隔着一个秋妹。他甚至觉得自己感受不到他们的亲情。对此，他后来读高中时还曾写过一首打油诗：

叔婶不我爱，
于我何有哉，
但知尽孝道，
应该！①

从家中的独子，到过继的儿子，季羡林觉得自己语不惊人，貌不压众，只不过是一只寄人篱下的丑小鸭。在这种自卑的情绪下，他跟秋妹的关系也颇不融洽。在相当重男轻女的社会氛围中，原本不应该受到重视的女孩子，却因为是亲生女儿而变得高人一等。可以想见，即便是正常的小孩子之间的争执，也可能带给季羡林非常不舒服

①季羡林口述、蔡德贵整理：《季羡林口述人生》，北京：外语与教学研究出版社，2010 年版，第 47 页。

的心理体验。他后来一直跟秋妹话不投机、关系一般，觉得两人没有做兄妹的缘分。对叔父和婶母的感情，他也是感激多于亲情，直到晚年还反复提及，自己和叔父的关系一言难尽，认为叔父给自己的性格成长带来很多负面影响：

> （自己）没有人瞧得起，没有人看得上。连叔父也认为我没有多大出息，最多不过是一个邮务生的材料。他认为我不闯实，胆小怕事。他哪里知道，在促进我养成这样的性格过程中，他老人家就起了不小的作用。一个慈母不在跟前的孩子，哪里敢飞扬跋扈呢。①

他晚年亦曾言及，如果叔父有自己的儿子，或者自己不是一个男孩，他都不会把自己接到济南。其实因为家贫，后来季羡林的亲妹妹香妹也被送到了叔父家，只不过女孩子不受重视，不可能拥有季羡林那样的受教育机会罢了。看来儿时没有理顺的亲情关系造成的心理创伤，几乎伴随了季羡林一生，多年之后仍然没有完全释怀。天

①季羡林：《病房杂忆》，《季羡林全集》第3卷，北京：外语教学与研究出版社，2009年版，第436页。

意人心，总有遗恨。

也许叔父和婶母在感情上都更偏心于自己的女儿，可仍然按照培养男丁的标准，望子成龙，一丝不苟地让季羡林接受教育。在入学前，叔父决定给他改名。季宝山的原名，是根据大大爷的儿子季宝庆的名字取的，而这个孩子已经早夭，叔父就希望把宝山的名字也改掉。刚好邻村五里长屯有个远房同辈叫季元林，叔父就拟定了季慕林和季羡林两个名字，反复斟酌并请教朋友，最后定为季羡林。

就这样，六岁的季羡林正式开蒙。叔父先安排他在曹家巷南头的一个私塾里学习。老师是一个白胡子老头，面色严峻，令人望而生畏。每天上课前，都要向孔子牌位行礼。学习的内容大体是《百家姓》《千字文》《三字经》“四书”之类，是典型的旧式私塾教育。大概过了半年，叔父把季羡林送到济南第一师范附属小学读书。一师附小位于济南旧城墙里面，街名叫升官街，听上去颇为富贵吉利，实际上是取“官”和“棺”的谐音——原来整条街都是做棺材的。

除了教育，叔父和婶母在生活上对季羡林也还是关心和爱护的。一次，叔父出门到望口山，季羡林随口说希望叔父可以带几只兔子回来。因为季羡林从小就喜欢小兔子，在故乡时，同村的许多农户都养兔子，自己无比羡慕却终未可得。没想到叔父真的从望口山带回了三只兔子。季羡林不曾回忆秋妹是否也得到过类似的“宠物”做礼物，但是这三只可爱的小兔子，确实全部被他收归己有，养在自己的床底下。他欣喜若狂，忙前忙后地用豆芽和白菜喂它们，连叔父带回的鲜美的肥桃对他都失去了吸引力。三只兔子中，有一只大的，黑色；两只小的，白色。季羡林就把它们想象成是母亲带着两个孩子。每当看到它们在床下互相偎依着睡觉，或是在地上轻轻跑动时，都感到无比温馨与满足，好像自己和母亲被迫分离的感伤，在这三只可爱的小生命身上得到了补偿与慰藉。每当读书的时候，有三只小兔子在脚边蠕动，虽然静悄悄的，但屋里“仿佛充满了生气与欢腾”，“周围的空气，也软浓浓地变得甜美了”[①]。最令他高兴的，是小兔子们渐渐不像最初那么胆怯了，看见他也不怎么躲避了。第一次有一只小兔很驯

①季羡林：《兔子》，《季羡林全集》第1卷，北京：外语教学与研究出版社，2009年版，第29页。

顺地让他抚摸的时候，他简直流下了欢喜的泪水。

可惜，这种温馨的生活大概只持续了半年。三只可爱的小兔子，后来在夜晚遭遇了野猫或是别的动物的偷袭。先是一天早上，季羡林醒来后，发现大黑兔没了踪影。少年充满了愤恨与痛苦，他甚至因为担心兔子而常常半夜惊醒。但是这种门窗不严的旧式房屋，无论怎样小心谨慎，也无法真正阻挡夜袭的“杀手”。几天以后，一只小白兔也失踪了。看着仅存的小生命，季羡林无比伤怀：

> 夜里，在微明的灯光下，我不见它在床下沉睡；它只是不停地在屋里跑着。这冷硬的土地，这漫漫的秋的长夜，没有母亲，没有兄弟偎着，凄凉的冷梦萦绕着它。它怎能睡得下去呢?①

不久，最后一只小白兔也不见了，除了一堆白菜和豆芽之外，房间里什么也没有了。从此，坐在桌边读书学习，他会从有着风和雨的痕迹的玻璃窗望出去，看那落尽了叶子的海棠树，看那

---

①季羡林：《兔子》，《季羡林全集》第1卷，北京：外语教学与研究出版社，2009年版，第31页。

秃光的枝干撑着晴晴的秋日的长空，而房间里空空如也，脚下再也没有蠕动着的小生命了。那些有着宝石一样红亮眼睛的小生命，从儿时的“求不得”，到少年时的“爱别离”，最后都成为季羡林心中永远的记忆。

1920年，五四运动也波及山东。一师附小的校长由济南第一师范学校的校长王士栋兼任，他是山东得风气之先的人物——受新文化运动的影响，在全国还没有统一推广白话教材的时候，就改用了白话的国文教材。教科书里有一篇课文，叫作《阿拉伯人与骆驼》。故事出自著名的《伊索寓言》，讲的是一个阿拉伯人带着他的骆驼在沙漠中旅行，夜晚住进帐篷。这头得寸进尺的骆驼，在帐篷外要求主人允许它将头伸进帐篷，得到允许之后，它又不断要求将脖子伸进帐篷，将前腿放进帐篷，最后全部挤了进来，结果将主人挤了出去。这则寓言以拟人的手法，告诉人们对于得寸进尺、贪得无厌的人，一开始就不应该妥协和迁就。这样的课文和《百家姓》《千字文》完全不同，对季羡林来说既陌生又新鲜，读起来感到非常有趣味，简直是爱不释手。但是有一天，叔父翻看他的课本，却因为这篇新式课文勃然大怒。“骆驼怎么能说人话呢?”叔父愤愤然道，“这个学校不能念下去了，要转学!”

深受传统教育熏陶的叔父，不能理解新文化和新式课文，以骆驼说话太荒谬为由，让季羡林从偏重新文化教育的一师附小，转入相对偏重传统文化教育的育新小学。当时的转学手续比现在要简单得多，只有一次口试。考官出了几个字叫季羡林认，因为他认识一个比较复杂的“骡”字，于是定为高小一年级，等于跳了一级；而与他同时参加考试的另一个比他大两岁的亲戚没有认出来，被定为初小三年级。

育新小学靠近南圩子墙，校园很空阔，花草茂密，景色秀丽。季羡林记得，在用木架子支撑起来的一座柴门上面悬着一块木匾，上面刻着“循规蹈矩”四个大字。① 学生们每天就在这块木匾下出出进进，上课放学，奔跑游戏。季羡林当时只觉得这笔画复杂的四个字很是有趣，后来他才逐渐明白，育新小学这种循规蹈矩的育人理念，

①季羡林：《我的童年》，《季羡林全集》第 2 卷，北京：外语教学与研究出版社，2009 年版，第 27 页。

其实是相当保守和落后的。

季羡林在育新小学的第一位班主任姓李，四十多岁，总是和颜悦色，从来没有训斥过学生。有一次，李老师带领全班同学去大圆池附近种菜，扁豆、芸豆、辣椒、茄子……季羡林到济南后，习惯了透过城市的建筑看那窄窄的天空。这次种菜的社会实践，带给他久违的乡土体验，仿佛回到了故乡：

> 于时碧草如茵，嫩柳鹅黄，一片绿色仿佛充塞了宇宙。伸手就能摸到。我们蹦蹦跳跳，快乐得像一群初入春江的小鸭。是我一生三万多天中最快活的一天。[1]

李老师为人温厚朴实，讲起课来也生动有趣，例如他讲到英文字母 f，说就像一只人马蜂，两头长，中间腰细。这种比喻富于童趣，很得同学喜欢。

学校的课程有国文、英文、数学、地理、历史等。因为并不需要特别高深的课程内容，当时的小学老师往往身兼多门课程。国文偏重古典，

---

①季羡林：《我的小学和中学》，《季羡林全集》第 4 卷，北京：外语与教学研究出版社，2010 年版，第 8 页。

主要学《古文观止》一类的书，要求学生背诵。写作则全部使用文言文。初学写作，季羡林摸不出门道，非常苦恼。老师出的作文题写在黑板上，他立即在作文簿上照样写上“人生于世”四个大字，可是下面就穷了词儿，仿佛永远要“生”下去似的。这时的少年，正苦于作文不能开头，万万不会想到，自己后来通读各家各派文章，对于开头、结尾和文章的结构，都逐渐揣摩出自己的一套心得；而且自己后来一生都将舞文弄墨、笔耕不辍。有一次写作文，季羡林不知道从什么文章中抄了一段话：“空气受热而上升，他处空气来补其缺，遂流动而成风。”句子通顺简练，受到老师的表扬。但季羡林心中有愧，知道自己这样做是不对的，很长时间心里都很不是滋味。[①] 这次抄袭虽然没有“东窗事发”，但仍躲不过他心灵深处的自我审判。以至于很多年以后，小学时写过什么作文大多模糊了，唯有这一句抄袭的话季羡林永远记得清清楚楚，在不同文章中提起时甚至

①参见季羡林：《我的小学和中学》，《季羡林全集》第4卷，北京：外语与教学研究出版社，2010年版，第10—11页。

从没有差错过一个字——这世上有谁能逃得过自我的“审判台”呢？从那以后，他一生中再也没有剽窃过别人的文字。

这时的季羡林对学校的课程并不是特别感兴趣，只记得除了班主任李老师之外，这里的老师大都非常严厉。一位珠算教师，教学生打算盘时，打错一个数字就要打一下手板，常常把学生的手打肿。季羡林对正课兴趣不大，但是也有非常感兴趣的东西，那就是阅读。学校里有一间小小的阅览室。这是一间低矮幽暗的小屋，照例有一块木牌钉在门外，写着它的名字，但是季羡林却从来没有注意过，他只是每天过午下了课，就一路跑过去，一头扎进书籍的世界。那些新奇的故事，美丽的封面，鲜艳的插图，给这个少年插上想象的翅膀，带他“到动物的世界里，植物的世界里，月的国，虹的国里去翱翔”。他甚至不止一次在幻想里“看到生着金色的翅膀的天使在一团金色的光里飞舞。终于自己也仿佛加入到里面去，一直到忘记了哪是天使，哪是自己。”[1]

---

①季羡林：《〈印度寓言〉自序》，《季羡林全集》第17卷，北京：外语与教学研究出版社，2010年版，第2页。

随着年纪的增长，季羡林的阅读兴趣更多集中在传统小说方面。叔父是个严肃古板的人，以自己的标准把小说称为“闲书”，不许季羡林阅读。然而这丝毫不能阻挡他对阅读的渴望。在家里的时候，季羡林的书桌下面有一个盛白面的大缸，上面盖着用高粱秆编成的“盖垫”。他就坐在桌旁，桌上摆着“四书”，底下偷偷看的却是《彭公案》《济公传》之类的小说。冷不防叔父走进来，就迅速掀起盖垫，将“闲书”往里一丢，大声念起“子曰”“诗云”来，居然也能骗过叔父，屡试不爽。到了学校里，用不着防备什么，常常是一放学，他就躲到学校的假山后，或者找个遍地砖瓦的盖房子的工地，拿出“闲书”，如饥似渴地阅读。最初读的时候，自然有许多不认识的字，但配合着插图也能勉强看下去，半猜半读地了解书中文字的含意。尤其是一些侠义类的小说，一幅幅活灵活现的手里拿着刀枪等武器的人物插图，经常占据了这个少年整个的心。往往使他忘记了时间，忘记了吃饭，有时一直读到天黑，才悄悄摸回家去，一边回味着小说中的故事，一边准备应付叔婶的询问。

有一段时间，季羡林迷上了侠义公案类的小说，满脑子都是小说中的绿林好汉，仙侠剑影——不论是一个能够飞檐走壁的侠客，还是一个张嘴就会吐着一道白光将对手的头砍落的奇人异士，都令他觉得神奇得匪夷所思，不能自拔。他不但将这些人物的姓名背诵如流，连用的兵器也如数家珍，远比教科书更加熟悉。他甚至幻想着也能成为书中描述的那样的英雄好汉。有一次，一个小伙伴跟他谈起，要想成为武林高手，就要勤学苦练。比如铁砂掌，把右手五个指头往大米缸里猛戳，一而再，再而三，一直到几百次，上千次。练上一段时间以后，再换上砂粒，仍是用手猛戳，不断磨炼。练成之后，五指一戳，就能够戳断树木。季羡林心向往之，就不免有些手痒。于是他如法炮制，猛练起来。结果自然是将指甲与肉接连的部分戳出鲜血，疼得无法再练，无功而返。其他类似的武功练习，如隔山打牛等，也大都如此不了了之。“武功”上的无所精进，并没有真正令季羡林退缩，他仍旧追慕、迷恋着侠客英雄、绿林好汉。真正冲击了他的侠义英雄梦的，是一次看杀头的经历。有一天，季羡林偶然听说墟子外河滩里要杀土匪。少年的好奇驱使着他跟过去看热闹：

> 在这一队人的中间是反手缚着的犯人，脸色比蜡还黄。别人啧啧地说这家伙没种的时候，我却奇怪起来：为什么这人这样像那卖绿豆小米的老实的中年人呢？随着就听到四周的人说：这人怎样在乡里因为没饭吃做了土匪；后来洗了手，避到济南来卖绿豆小米；终于给人发现了捉起来。我的心立刻冰冷了，头嗡嗡地响，我却终于跟了人群到墟子外去，上千上万的人站成了一个圈子。这老实的中年人跪在正中，只见刀一闪，一道红的血光在我眼前一闪。我的眼花了。回看西天的晚霞正在天边结成了一朵大大的红的花。①

这个被杀头的土匪，正是此前季羡林每日清晨上学路上，都会遇见的卖绿豆小米的中年农民。季羡林曾喝过他卖的绿豆小米熬的粥，曾在街上

① 季羡林：《红》，《季羡林全集》第 1 卷，北京：外语教学与研究出版社，2009 年版，第 48 页。

与他搭讪、熟识，曾给他讲过很多仙侠的小说，也听他给自己讲过很多荒诞离奇的故事。季羡林还记得他们第一次见面时春日的阳光在这个淳朴农民脸上跳跃的情景，如今只化作一张蜡黄的脸和一道红色的血光。当这一道血光耀起的漫天红云渐渐散去的时候，一个少年的迷梦也随之冷却、消散了。

在每个少年的心中，也许都曾经住着一个“银鞍照白马，飒沓如流星”的侠之大者。他们或倜傥洒脱，或勇武豪强，或上天入地、无所不能，或扶危济困、见义勇为，寄托着少年辽远而又切近的梦想。但是伴随着成长，这些梦想终将在成年人的现实世界中褪色、沉落。千古文人的侠客梦，也许只是为了照见终将逝去的，内心深处一直可望而不可即的，那个更强大、更美好的自己。

育新小学时期，季羡林开始学习英文。学校里有一位会英文的老师，集合爱学习的学生，在晚上单独开设了英文学习班，另计学费。季羡林当时觉得，外语是一种非常神奇的东西，“方块字是天经地义，不用方块字，只弯弯曲曲像蚯蚓爬过的痕迹一样，居然能发出音来，还能有意思，简直是不可思议”。[①] 虽然当时只不过学了一点语法、一些单词，但对于培养少年季羡林对语言的好奇心和兴趣，却非常重要。比如他当时就有一个怪问题：“有”和“是”都没有“动”的意思，为什么会叫“动词”呢？有时候，越是神秘的东西，就越有吸引力；越是解释不通，就越想探究。后来季羡林一生保持着对不同语言的浓厚兴趣，可以说是在这时就已经播下的种子。有一天晚上，季羡林去英文学习班，他注意到翦翦轻风的校园里，绛紫的芍药，这些白天非常清晰的花朵，在月的清辉下，与墨玉般的叶子晕染在一处，变成朦胧的一片。紫色的花影揉在墨玉的叶中幽幽轻动，伴随着淡淡的清香，感觉说不出的神秘与沉醉。从那以后，他对英文的学习兴趣日益浓厚，每每想起英文学习，就会浮现那夜“月移花影上栏杆”的美好体验：“在几十年的漫长的岁月中，学习英文总同美丽的芍药花联在一起，成为美丽

---

①季羡林：《我的童年》，《季羡林全集》第 2 卷，北京：外语教学与研究出版社，2009 年版，第 29 页。

的回忆。”①

除了学习生活，季羡林像其他这个年纪的少年一样，也不喜欢在放学后马上回家，而是打打闹闹、长枪短棍地玩耍、疯跑。那时候没有什么玩具，他就把细铁条弯成一个圈，再弄个家里用来勾炉灰的带钩的铁棍，用前端的钩勾住铁圈，就能在地上推着铁圈跑起来。如果技术好，掌握好平衡，可以推着铁圈在地上跑好远，这在当时也算是男孩子们的很酷的玩具了。除了推铁圈，还有捉蜻蜓、斗蟋蟀、捕蝴蝶，甚至是路边小石子千变万化的花纹，都能引起精力旺盛的少年的无限兴致。有很多次在放学的路上，他特意避开“阳关道”，选择垃圾满地、臭不可闻的臭水沟沿岸，跟几个小伙伴一路说笑打闹着，如探险一般迂回曲折地走回家。旺盛的无处可发泄的精力，有时也会导致一些不可理喻的行为。比如说喜欢围观打架，爱看屠户捆猪、杀猪等等。成年之后的季羡林回忆起这些残忍的暴力与杀戮，仍然心

①季羡林：《我和外国文学》，《季羡林全集》第2卷，北京：外语教学与研究出版社，2009年版，第14页。

有余悸，但当时懵懂的少年还体会不到其中的残酷不仁，只觉兴奋好奇。每一个童年，都不可能永远只在温室里看阳光普照，鲜花遍地，总会遇见一扇阳光照不到的阴暗的大门。推开这扇大门之后，如何面对这一切，也是关于成长的一个重要命题。

在育新小学学习期间，季羡林考过甲等第三名、乙等第一名，不算是最拔尖的学生，也不怎样努力念书。用他自己的话来说，是幼无大志，不过是一只燕雀，不敢怀“鸿鹄之志”。在1923年小学毕业时，他没有勇气报考当时最好的山东省立第一中学，退而求其次报考了相对普通的正谊中学。

第二章
莘莘学子　一飞冲天

1923 年，十二岁的季羡林投考正谊中学。入学考试的科目中有一门是英语。题目是汉译英："我新得了一本书，已经读了几页，可是有些字我不认得。"季羡林将句子翻译出来，只是因为不知道"已经"这个词的英文译法，在答题时苦恼了很长时间。当时大部分小学不设英文课，学生们谈不上有什么英文水平。季羡林凭借着小学课外英语学习班的一点基础，意外被录取为一年半级学生，而不是一年级，相当于跳级半年。

校长鞠思敏先生是山东教育界的元老，人品和道德是有口皆碑的。这样一位教育家，生活极其俭朴，可以说"一箪食、一瓢饮"，布衣芒鞋，不改其乐。这位校长重乡土、爱国家，颇有民族气节，重视德育。他立下一条规矩：每周一早晨上课前，全校学生都要集合在操场上，听他讲话。鞠校长讲的大多是为人处世、爱国爱乡的大道理，从未曾间断，这也可以算是一种德育课程。

学校里的正课，包括国文、英文、数学、物理、生物、地理、历史等。国文学习使用的教材是《古文观止》一类的经典古文，要求背诵，写国文作文也要求全部使用文言。国文教员中不乏饱学之士。有一个姓杜的老师，年纪很大，对“选学”① 有很深的造诣。在杜老师的课上，季羡林曾写过一篇类似骈体文的作文。杜老师用端正的蝇头小楷，把作文从头到尾改了一遍，还加上批语：“欲作花样文章，非多记古典不可。”② 对于一个十三四岁的少年来说，读书不多，积累不够，

①萧统的《昭明文选》是我国现存最早的一部诗文总集。书中选录了从先秦到南朝梁代八百年间七百多部作品，被后世称为“文章渊薮”。对《昭明文选》的研究被称为《文选》学，简称“选学”。清代选学十分发达，很多读书人热衷于考订经史，注释古训，究索名物、典故等等。

②参见季羡林：《我的中学时代》，《季羡林全集》第4卷，北京：外语教学与研究出版社，2009年版，第70页。

古典自然记得不多。老师的评语，既有批评，也包含着激励与鞭策。

英文课程的教材和读本，如《泰西五十轶事》《天方夜谭》《莎氏乐府本事》《纳氏文法》等等，水平也很高。有一位叫郑又桥的英文教师，专业素质过硬，教学也极其认真。他给英文尖子生们改英文作文，往往不是根据学生的文章填字加句、修改语法，而是自己重写一篇。这样，尖子生拿回自己的作文簿，看到相同题目、立意，却是技高一筹的表达、用词和语法，高下立判，可以反复揣摩对比，找出差距，提高英文水平。可以想见这位郑老师用心之良苦和育人之勤勉。

大明湖畔的铁公祠贴着一副对联，上面写着："四面荷花三面柳，一城山色半城湖"，说的正是大明湖秀丽的风光。正谊中学就坐落于大明湖南岸，校内清溪流贯，绿杨垂荫，风景亦是绝美。其所在地是后来的济南艺术中学，在2007年被改造为大明湖的秋柳园。校园地灵水秀，湖光山色，位于济南的北城，而季羡林和叔父一家却住在南城。因为距离太远，季羡林中午不能回家吃饭，家里就每天给他两个大子儿（铜钱）作为午餐费，在学校吃。季羡林经常是一个大子儿买一碗豆腐脑，几个炸丸子，另一个大子儿买一块锅饼。锅饼是一种硬面的能充饥耐存储的面食，鲁西北人称之为“壮馍”。十几岁的男孩子正是长身体的时候，精力充沛，饿得也快。季羡林总是觉得两个大子儿的饭食不够吃，几年的时间里，几乎每天中午都吃不饱。

有一次学校搞活动，为了动员学生参加，中午管一顿饭。季羡林永远记得，那顿饭差点把自己“撑死”——好容易敞开怀吃顿饱饭，而且还有肉、有鸡、有鱼。后来，那顿饭的“饱”，与好几年不间断的“饿”，形成鲜明的对比，一起沉淀在季羡林的记忆里。那么，他为什么几年间都不对叔婶言明午餐费太少，不够吃饱肚子呢？还是源于少年人的自卑与自尊吧——寄人篱下的感觉几乎缠绕着他度过了童年和青春期的全部时光。他后来曾经谈及这一点：

> 我清晰地记得，向婶母张口要早点钱，在我竟成了难题。有一个夏天的晚上，我们都在院子里铺上席，躺在上面纳凉。我想到要早点钱，但不敢张口，几次欲言又止，最

后时间已接近深夜，才鼓起了最大的勇气，说要几个小制钱。钱拿到手，心中狂喜，立即躺下，进入梦乡，睡了一整夜。①

其实，从叔父的角度来说，他对季羡林的培养还是投入了很大精力的，他的期望很高，要求也很严格。根据叔父的要求，季羡林参加了一个古文课外学习班，是一位教高年级国文的教师自己办的，时间在学校下午四点钟下课以后。季羡林记得在课上读过《左传》《战国策》《史记》等古代典籍，这种课外辅导班当然是另付报酬的。除此之外，叔父还亲自上阵，给季羡林讲课。他爱好宋明理学，便选了一本《课侄选文》，大都是些理学的文章。叔父幼时家贫，没有受过系统教育，完全依靠自学，经史子集都读了不少，即使读《皇清经解》一类十分枯燥的书，也是正襟危坐，颇有兴致。现在，他把一切希望寄托在侄子身上，以理学的标准言传身教，要求刻板而严格。

古文学习班下课后已经是下午五六点钟，季

①季羡林：《我的小学和中学》，《季羡林全集》第 4 卷，北京：外语与教学研究出版社，2010 年版，第 13 页。

羡林亦不能就此休息和玩耍。他要先回到在南城的家里吃晚饭，吃饱之后就赶到按察司街南口的尚实英文学社去学英文，一直学到晚上九十点钟，每月的学费是三块大洋。尚实英文社是一个私人办的学社，创办人冯展鹏和几位教师的英文水平都相当好。他们白天各有工作，晚上七点至九点再到英文社上课，都是有学问而又勤恳之人。语法课学习《纳氏文法》，内容艰深，所举语法丰富。当时正流行 diagram（图解）式的英文教学法，尚实英文社也使用这种方法进行教学，班中几十个学生都觉得颇为新鲜。还有些用英文讲授历史的课程，也令季羡林受益匪浅。季羡林从小学起就参加英语辅导班，一直到高中毕业。叔父虽然坚持“中学为体”，在外语学习方面倒是非常开明。季羡林后来解释说，当时社会上都认为，学点洋玩意儿比较吃得开，容易升官发财。这是一种实用主义的“崇洋”，倒并不见得是“媚外”。①

虽然课程紧，辅导班多，叔父要求刻板，但

①参见季羡林：《我的心是一面镜子》，《季羡林全集》第 5 卷，北京：外语教学与研究出版社，2009 年版，第 518—519 页。

是这一时期，季羡林仍然保持着阅读小说的习惯和兴趣。他阅读了大量的旧体小说。有时是放学后不回家，躲在砖瓦堆里看；或者回家以后，躺在被窝里偷偷看。他的阅读范围也更加广泛，除了之前说过的《三国演义》《西游记》《济公传》《彭公案》，还有《封神演义》《说唐》《说岳》《三侠五义》等等，几乎无所不读。连《西厢记》《金瓶梅》一类的书，他也读过。大概是男孩子的天性和不曾磨灭的对侠义的向往，这一时期季羡林主要的阅读兴趣，仍然是讲史、侠义、神魔、公案一类的小说，像《红楼梦》这样描写细腻、含义丰富的小说，他还看不懂其中的奥妙，只觉得黛玉整天哭哭啼啼，惹人生厌，因此最不喜欢。

现代的教育理念，往往强调“儿童的发现”，反对剥夺儿童游戏玩耍的乐趣，反对用大量课业、辅导班占据儿童的生活，反对将儿童仅仅当作成年人的“预备军”。不过，季羡林的叔父似乎仍然恪守着传统管教子弟的理念，让季羡林早出晚归、披星戴月地学习。这样的日子，从初中一直延续到高中毕业，大概过了八年。不过当时季羡林也并没有觉得这样的生活有多么不堪重负。少年人仿佛总有过剩的精力，用也用不完。常常是经历了一天的奔波，晚上九点下课之后，他还不急着回家，就在灯火通明的十里长街上边走边逛，看商店的橱窗——虽然手里没有钱，看看琳琅满目的商品，过一过“眼瘾”也十分快乐。

每天吃完午饭，他也不忘游戏玩耍一番。学校旁边就是大明湖，“岸边荷塘星罗棋布，芦苇青翠茂密，水中多鱼虾、青蛙”①，正是少年季羡林戏乐的天堂。蹲在岸边，湖水十分清澈，虾从芦苇旁游过来，看得清清楚楚，于是季羡林就想出一个钓虾的主意。钓虾并不需要鱼钩，只要一根苇秆深入水中挑逗，长着双钳的笨虾就用一只钳子把苇秆夹住，就算把它提出水面，它也绝不松开。季羡林并不真的把虾钓上来带走，还是蹲在湖边，把它们放回水里，乐此不疲地准备再钓。这其实只是一种打发时间的嬉戏，倒也颇有姜太公钓鱼——愿者上钩的禅趣。“钓蛤蟆”是他颇为喜欢的另一种游戏：

①季羡林：《我的中学时代》，《季羡林全集》第4卷，北京：外语教学与研究出版社，2009年版，第70页。

> 只需把做衣服用的针敲弯，抓一只苍蝇，穿在上面，向着蹲坐在荷叶上的青蛙，来回抖动，青蛙食性一起，跳起来猛吞针上的苍蝇，立即被我生擒活捉。①

季羡林后来回忆说，自己在正谊中学学习期间，并不努力，成绩徘徊在甲等后几名、乙等前几名之间，只属于上中水平。每到下课，就跑去校后湖畔钓虾、钓蛤蟆，不知用功为何物。但是，正谊三年，确实给他打下了较为坚实的国文和英文基础。虽然他当时并不了解其深远意义，但后来回想起来，才发现当年日复一日不断积累的"童子功"，确实是他后来能够考取清华、走上学术之路的最初的根基：

> 在这一段时间内，我懵懵懂懂，模模糊糊，在明白与不明白之间；主观上并不勤奋，客观上又非勤奋不可；从来不想争上游，实际上却从未沦为下游。最后离开了我的大虾

① 季羡林：《我的中学时代》，《季羡林全集》第4卷，北京：外语教学与研究出版社，2009年版，第71页。

和青蛙，我毕业了。①

1926年，季羡林在正谊中学初中毕业。因为入学时跳了半级，实际只读了两年半。毕业之后，季羡林曾应叔父的要求，投考济南市的邮政局。因为当时的邮务工作都是由外国人管理，是普通民众心目中的好职业、铁饭碗。季羡林后来说，幸亏自己没有被录取。其实，人生有时像走在小径分叉的花园，每一条岔路都会通向完全不同的未来。季羡林没有考取邮务生，当然也就避免了踏上邮政局这条“小径”的可能性，未来的“花园”里还有更加美好的风景等着他，即便是“攀九年的冰山”“航九年的旱海”，也要逢着那枚金色的“贝壳”。

季羡林在正谊中学继续读了半年高中，才投考新成立的山东大学附属高中。这一年，奉系军阀张宗昌被张作霖任命为山东省军务督办，成为“山东王”。是年6月，他责令山东省教育厅将工、农、矿、商、医、法政等多个专门学校合并，重建山东大学，并将山东省第一、第二、第六、第

① 季羡林：《我的中学时代》，《季羡林全集》第4卷，北京：外语教学与研究出版社，2009年版，第72页。

十共四个中学的高中部合并为山东大学附属中学。[1] 山大附中当时共有两处校舍，季羡林读书的分部，校舍设在北园的白鹤庄，所以有时也习惯性地称之为北园中学。季羡林的叔父还曾写过一首诗赞美北园："杨花落尽菜花香，嫩柳扶疏傍寒塘。蛙鼓声声像人语，此间即是避秦乡。"[2] 学校荷塘四布，垂柳蔽天，仿若避秦之祸的世外桃源，配以莘莘学子的朗朗书声，的确是陶冶性情、教书育人的好地方。

山东大学的校长是清末状元、当时的教育厅厅长王寿彭。他是光绪辛丑年（1901）的举人，癸卯年（1903）的进士，受慈禧太后赏识，被点为状元。虽然今非昔比，一晃已是民国十五年（1926），但王校长仍是提倡尊孔读经，在开学典礼上做的讲话也是"读圣贤书""做圣贤事"之类的训诫。学校师资力量雄厚，可谓极一时之选。教经学的老师有两位，一位是清末翰林或者进士，

---

①参见蔡德贵：《季羡林传》，西安：陕西师范大学出版社，2009 年版，第 63 页。

②季羡林：《我的中学时代》，《季羡林全集》第 4 卷，北京：外语教学与研究出版社，2009 年版，第 73 页。

另一位是一个比较顽固的“遗老”，张口就是“你们民国，我们大清国，怎样怎样……”所以同学们送其绰号“大清国”，反倒记不得真名了。他们上课，教《书经》《易经》《诗经》等，从来不带课本，仿佛这些东西早已融入骨血，连注疏在内，都背得滚瓜烂熟，信手拈来。教国文的王崑玉先生，教英文的尤桐先生、刘先生，教数学的王先生，教史地的祁蕴璞先生，教伦理学的完颜祥卿先生（一中校长）等，也都是当时的名师。还有正谊中学的校长鞠思敏先生，也在这里兼职教授伦理学。季羡林还记得他使用的教材，是蔡元培先生的《中国伦理学史》。

国文教师王崑玉，是一位桐城派的古文作家，著有自己的文集。他对季羡林产生的影响极大。季羡林一直记得国文课的第一篇作文，题目是《读〈徐文长传〉书后》。当时的作文仍是文言文，很意外地，季羡林的作文得到王先生的高度赞扬，批语是“亦简劲，亦畅达”。做惯了中上等生的季羡林，此前在学习上从未有过拔得头筹的喜悦。王先生的激赏，像一颗小石子投入大海，在少年的心中激起层层波澜；又或像一道光，穿透了少年心底的重重迷雾。吃惊之余，季羡林仿佛一下子从少年人钓鱼摸虾的懵懂梦境中醒来了，对古文产生了浓厚的兴趣。他不再单纯地迷恋旧小说、话本，开始阅读韩愈、柳宗元、欧阳修、三苏（苏洵、苏轼、苏辙）等唐宋名家的古文经典，如《韩昌黎集》《柳宗元集》《欧阳文忠公集》等都有认真研读。他尤其喜欢司马迁的《报任安书》，陶渊明的《桃花源记》，李密的《陈情表》，韩愈的《祭十二郎文》，欧阳修的《泷冈阡表》，苏轼的《前赤壁赋》《后赤壁赋》，归有光的《项脊轩志》等等，这些感情真挚、长于抒情的文章，简直百读不厌，直到耄耋之年仍能背诵如流。[1] 还有一次作文题目是“夜课后闲步校前溪观捕蟹记”，季羡林最喜欢这种情景交融、留有个人抒情空间的题目，写起来颇为顺畅，成为全班的压卷之作。

王崑玉先生的鼓励，启发了季羡林自我意识的觉醒。从此，他主观上有了学习的动力，开始有意识地用功。在英文方面，季羡林从小学到初

①参见季羡林：《〈季羡林散文集〉自序》，《季羡林全集》第6卷，北京：外语教学与研究出版社，2009年版，第80页。

中一直未懈怠的学习、积累，如今也显出了成效。尚实英文学社的底子，令他的英文稳居全班第一，其他同学很难同他竞争。其他课程只要认真学习、勤于背诵，考个高分也并非难事。第一学期末，季羡林就如同开了“外挂”似的，生平第一次考了个甲等第一名，平均 97 分，是全校十个班中唯一的一个平均分数超过 95 分的学生。

人们常说，爱好是最好的老师。小学和初中的时候，季羡林在叔父严格的管教下，学习也可谓勤奋，总是班上的前几名，但从来没有考过甲等第一名。现在，他才真正爱上了学习。这种爱好带来的无穷无尽的好奇与兴趣，仿佛能够调动头脑中所有的细胞，不是身体上“头悬梁锥刺股”的刻苦与疲惫，而是精神上喜不自胜的一种喜悦的学习状态。如果说有什么能让一个人在学习上如开了“外挂”一般应付裕如，也许最重要的，就是主观上的学习兴趣，才能带来内心真正的喜悦。而开启这扇喜悦之门的，也许是一件小事的触动，也许是一篇文章、一首诗的感染，也许仅仅是一位好教师的赞赏和鼓励。

季羡林的优异成绩，受到了当时山大校长兼

山东教育厅厅长王寿彭的表彰。这位清末状元的墨宝非常有名，一般人求而不得。他却亲笔写了一副对联和一个扇面，作为奖励赠予季羡林这个高中一年级的学生。对联写着：

羡林老弟雅督
才华舒展临风锦
意气昂藏出岫云①

王校长六十多岁的年纪，与十六岁的少年兄弟相称，足以看出其对季羡林的器重和所寄予的厚望。这两幅墨宝季羡林一直珍藏，即使后来几经波折也未曾丢失。这一嘉奖震动校园，季羡林从此有了“名气”。他在学习上更加有意识地用功，认真注意考试名次，发誓要保持自己的面子，决不能从甲等第一名落到第二名。结果在北园高中学习的两年中，四次考试，考了四个甲等第一名，是名副其实的“四连贯”，在学校成了“威名大振”的尖子生。不过，季羡林在这一时期对于

①季羡林：《我的小学和中学》，《季羡林全集》第4卷，北京：外语教学与研究出版社，2009年版，第55页。

自己的终身志业，仍是懵懂，没有什么具体的想法和规划，他后来回忆说：

> 尽管我的高中三年是我生平最辉煌的时期之一，在考试方面，我是绝对的冠军，无人敢撄其锋者，但这并没有改变了我那幼无大志的心态，我从来没有梦想成为什么学者，什么作家，什么大人物。家庭对我的期望是娶妻生子，能够传宗接代；做一个小职员，能够养家糊口，如此而已。①

看来，从培养浓厚的学习兴趣，到坚定终生的志业方向，年轻的季羡林还有一段路要走，“认识自己”的过程，往往并非能够一蹴而就。

值得一提的是，山大附中还开设了第二外语——德文课。老师姓孙，是青岛人。使用的教材是山东济宁天主教堂编写的，水平不高。孙老师的德文水平更是一般，发音也不标准，将 gut② 念成“古吃”。学生们甚至嘲笑他也许只在德国人

---

①季羡林：《季羡林自传》，北京：当代中国出版社，2008 年版，第 37 页。

②gut：德文单词，有“好的”“好使的”“优秀的”等含义。

的铺子里学过徒，会几句德语。这样的师资水平，季羡林在中学当然也没有真正学通德文。不过无论如何，这是他同德文结缘的开始。季羡林后来在大学选择德语专业，毕业后又有机会留学德国十年，最终确定了终身志业，与德国缘分匪浅。亚马孙雨林一只蝴蝶振动翅膀，也许两周后就会引起美国得克萨斯州的一场龙卷风。对德文最初的这一点好奇与兴趣，谁又能说不是季羡林人生道路上那只振动翅膀、翩翩欲飞的蝴蝶呢？

这一时期，中国社会正值军阀混战，直奉战争、直皖战争，时局瞬息万变，可以说是“城头变幻大王旗”，闹得鸡犬不宁。奉系军阀张宗昌1926年接管山东之后，一次，山东大学祭祀孔子，高中分部的学生也受命参加。那是季羡林第一次见到这个“山东王”：“当时的奉系山东土匪督军——不知道自己有多少兵、多少钱和多少姨太太的张宗昌，他穿着长袍、马褂，匍匐在地，行叩头大礼。”① 这以荒唐出名的“三不知将军”张

①季羡林：《我的心是一面镜子》，《季羡林全集》第5卷，北京：外语教学与研究出版社，2009年版，第519—520页。

宗昌虔诚“祭拜”孔子的情景，像一幅讽刺画，许多年后仍让人记忆犹新。

到了1928年4月，北伐军直逼济南，张宗昌败退。日军以保护济南的日本侨民为借口，从青岛登陆，沿胶济铁路直达济南。5月1日，北伐军攻入济南，并于5月3日上午和日军发生冲突。日军在5月3日占领济南及胶济沿线地区，开始大肆屠杀中国军民，制造了骇人听闻的“五三惨案”。当时被屠杀的中国军民六千余人，被捕五千余人，伤者甚众。国民党战地政务委员会外交处主任兼山东交涉员蔡公时等十七人亦惨遭杀害。在这样兵荒马乱的情况下，学校停课，季羡林过了一年“临时亡国奴”的生活。

当时在山东，焚烧日货、抵制日军最激烈的就是青年爱国学生，所以日军最嫉恨的也是青年学生。季羡林无学可上，又不想惹祸上身，于是剃光了脑袋，在街上行走时，伪装成商店的小学徒。有一天，他走在东门大街上，迎面来了一群日军，两个端着枪，正在检查过往行人。他知道此时万不能逃跑，一定要沉着应对，否则等待自己的不是子弹就是刺刀。季羡林强装镇定，坦然走上前去。日军将他拦下，问道："干吗的?"季羡林回答说："学徒的呀。"一个日本兵颇为怀疑，搜身时发现他腰里扎的是一条皮带。于是质问道："你不老实的，你扎皮带，不是学徒的!"季羡林机智地向他解释：现在小学徒们也有机会发点财，有能扎得起皮带的了。后来日军没有纠缠不休，总算将他放了。季羡林当时表现镇定，应对机智，不过自知凶险，身上已是大汗淋漓，仿佛鬼门关上走了一遭。

除了当街拦人询问、筛查，日军还常搞突然袭击，随便到居民家里去搜查，令当地居民惊魂不定，惶惶不可终日：

> 我们一听到日军到附近某地来搜查了，家里就像开了锅。有人主张关上大门，有人坚决反对。前者说：不关门，日本兵会说："你怎么这样大胆呀！竟敢双门大开!"于是捅上一刀。后者则说：关门，日本兵会说："你们一定有见不得人的勾当；不然的话，皇军驾到，你们应该开门恭迎嘛!"于是捅上一刀。结果是，一会儿开门，一会儿又关上，如坐针毡，又如热锅上的蚂蚁。此情此景，

非亲身经历者，是决不能理解的。[①]

1929年，日军撤走，南京国民政府军重进济南。此时，北园高中解散，国民政府新成立了一所山东省立济南高中，是全省唯一的高级中学。季羡林没有参加考试，直接转入济南高中继续中断的学业。学校里换了一批带有国民党背景的领导、师资，精神面貌与过去截然不同，校址也从北园搬到杆石桥一代。新校址是清代的一个衙门，建筑崇楼峻阁，气势华贵。校园里面有一个非常大的废园，花坛不修、水池干涸，小路上长满了野草，似乎昭示着一个时代的没落与荒芜。学校迁进来之后，这古园里有了人气和朝气，春日繁花似锦，夏日满眼青翠，老师和学生来园中散步，如入幽谷，倒颇得“山路元无雨，空翠湿人衣”的妙境。

学校的课程也为之一新——“大清国”没有了，经书不念了，文言作文也改成了白话作文。国文教师不再是清末的翰林、进士，也没有了桐

① 季羡林：《我的心是一面镜子》，《季羡林全集》第5卷，北京：外语教学与研究出版社，2009年版，第520页。

城派的古文家，而改聘当时颇有名气的新文学作家，有胡也频、董秋芳、夏莱蒂、董每戡等等。

改制之后第一位国文教师是左翼作家胡也频，福建省福州市人，代表作品有《到莫斯科去》《光明在我们的前面》等。胡也频老师个子不高，人很清秀，完全是一副南方人的形象。他很少讲正课，每一堂课都是宣传“现代文艺”。这和今天我们通常认为的现代文艺不同，是当时左翼文化人倡导的“普罗文学”，也就是无产阶级文学。因为当时“马克思主义”是敏感词汇，所以胡也频老师每每用粉笔在黑板上写下“什么是现代文艺”几个大字，然后滔滔不绝地讲起来，同学们渐渐也就心照不宣了。

中学生们深受胡也频影响，从子曰诗云中走出来，一头扎进这些承载着新思潮、新立场、新观点的现代文艺，都颇受鼓舞和感到兴奋。季羡林在老师的推荐下，买了一些当时流行的马克思主义文艺理论的书籍来阅读。当时很多这类书籍，是先从俄文译为日文，再从日文转译为中文的。在不断转译的过程中，不但俄文的原意可能会有部分损失，连语法也变得不伦不类，所以季羡林当时觉得这些理论晦涩有如“天书”，不能吃透，只是带着“朝圣”的心，生吞活剥地读完。[①] 除了在课上宣传，胡也频还号召学生们积极地参与实践。包括季羡林在内的一些积极分子，开始准备组织文学社团，倡导革命文艺。他们在宿舍门外摆上桌子，贴着“现代文艺研究会”的布告，号召大家参加。当场填表、报名，一时间热情高涨，校园里如过年一般热闹。师生们还准备创办刊物，季羡林为此专门写了一篇文章，叫作《现代文艺的使命》，里面自然用上了之前阅读的半懂不懂的马克思主义理论，也少不了革命的义愤和口号，不免失之于空泛，不过年轻人绝不因此而减低热情。

这期间，胡也频的夫人，现代著名女作家丁玲来山东省立中学探亲。对于丁玲，季羡林后来的回忆有些矛盾。他一方面说，“丁玲的出现，宛如飞来的一只金凤凰，在我们那些没有见过世面的青年学生眼中，她浑身闪光，辉耀四方。”[②] 另

①季羡林：《忆念胡也频先生》，《季羡林全集》第2卷，北京：外语教学与研究出版社，2009年版，第176页。

②季羡林：《忆念胡也频先生》，《季羡林全集》第2卷，北京：外语教学与研究出版社，2009年版，第177页。

一方面，从他对丁玲的具体描述来看，无论是“比较胖”“非常高的高跟鞋”，还是“步履维艰”“没有胡也频帮她，走不了路”，[1] 都实在看不出任何欣赏或审美的意味。这种矛盾的叙述，也许恰能反映山东省立济南高中一众学子的微妙心理：从上海来的丁玲穿着高跟鞋，衣着入时，代表了大都市的风采，学生们自知闭塞落后，不敢不觉得“耀眼”；但相对保守的性别观念，又使他们大多不能欣赏这种“时髦的美”，虽然并无恶意，但恐怕感觉上更多还是“刺眼”。因此，胖胖的丁玲如何在校园带坡度的石子路上，艰难地靠着胡也频当“拐杖”而行走的情景，作为学子们津津乐道的“娱乐八卦”，才成为季羡林头脑中唯一深刻的画面。

丁玲离开后，关于教员的“娱乐八卦”渐渐尘埃落定，学生们又恢复了学习常态。但是突然有一天，国文课堂上来了一位陌生的新教师，胡也频老师从此却不见了。学生们后来才知道，他因为鼓动

①参见季羡林：《忆念胡也频先生》，《季羡林全集》第2卷，北京：外语教学与研究出版社，2009年版，第177页；季羡林口述、蔡德贵整理：《季羡林口述人生》，北京：外语与教学研究出版社，2010年版，第51页。

学生革命的罪名，被政府通缉，幸亏他提前得到消息，才匆忙逃往上海。后来，胡也频在1931年1月17日参加一次党内会议时被国民党逮捕，2月7日与另外四位“左联”会员柔石、殷夫、冯铿和李伟森一同被秘密杀害于上海龙华淞沪警备司令部，史称“左联五烈士”。胡也频老师的逃亡，宣告了季羡林革命梦想的破灭——连那篇洋洋洒洒的《现代文艺的使命》也还没有来得及印刷和刊出。之后，中国无产阶级革命前驱者的血仍在继续为革命而流淌，只是对季羡林来说，短暂的革命激情如肥皂泡一般，早早被现实戳破。

接替胡也频的教师是董秋芳。他是绍兴人，现代作家和翻译家。曾经翻译过苏联小说《争自由的波浪》，由鲁迅作序。他讲过的文学理论有厨川白村的《苦闷的象征》《出了象牙之塔》等，也都是鲁迅翻译的。他布置作文非常独特，总是在黑板上写下四个大字：“随便写来”。这时的作文已经改用白话文。由写文言到写白话，季羡林并没有感觉到有什么不适应。虽然此前他的学习功夫大多放在了钻研古文上，但是他阅读了大量旧小说，“五四”新文学作品，如鲁迅、胡适、周作人、郭沫若、郁达夫、茅盾、巴金等人的小说和散文也几乎都读遍了，这种白话文学的积累使他写起作文来仍然得心应手。

董老师对季羡林的作文大加赞赏，认为是“全校之冠”。这种激赏，同几年前王昆玉先生的赞扬一样，给了季羡林极大的自信和满足。常常是作文簿发下来后，季羡林发现董老师在每一页上面的空白处都加了批注，不少地方写着“一处节奏”“又一处节奏”等等。自己虽然每次都有认真构思作文，但并没有意识到哪里有什么节奏，经董老师点出后，心中才如拨云见日般清明起来。“批注”本来就是我国文学鉴赏的重要形式，在阅读文本的时候，就在空白处圈圈点点，将心中所感用三言两语写下来，切近文本，又生动传神。很多文人墨客读书时都有做批注的习惯。董老师给季羡林的这些批注，不同于一般的批改作业，更像是以文会友，内在的阅读与交流，令季羡林颇有一种被人懂得的知己之感。他之所以后来终生笔耕不辍，直至耄耋之年仍不改写文学散文的习惯，都是受董先生的影响。

学校里不再开设经学课程，季羡林却并没有

放松对中国旧籍的热爱与钻研。他的阅读范围仍然很广，阅读内容仍然很杂。除了新文学之外，像陶渊明、杜甫、李白、王维、李义山、李后主、苏轼、陆游、姜白石等诗人、词人的作品，他都读了不少。这一时期，季羡林开始对外国文学产生兴趣。他高中时就开始从日本东京丸善书店直接订购外国文学的书籍：

> 当时一本洋书值几块大洋，够我一个月的饭钱。我节衣缩食，存下几块钱，写信到日本去订书，书到了，又要跋涉十几里路到商埠去“代金引换”。①

他购买过的书籍有英国作家吉卜林的短篇小说集等，还曾经尝试翻译所购买的英文原版小说，不过没有译完。每次取书，他都是带着书款，约上要好的同学，午饭后出发，沿着胶济铁路步行很远，到邮政总局去取。取了书，心中总有一种难以用语言表达的幸福之感，仿佛整个人都充满

---

①季羡林：《我和外国文学》，《季羡林全集》第 2 卷，北京：外语教学与研究出版社，2009 年版，第 15 页。所谓“代金引换”，是日文的中译，指书到了之后，拿着钱到邮局取书。

了力量，一路欢快地走回学校，虽然已经走了二十多里，却一点也不感到疲倦。

有一次，他取书时经过大明湖荷塘，因为季节不到，荷塘水波明净，连一片荷叶或苇子都没有。季羡林忽然看到湖水中倒映着的离此地二三十里路的千佛山的倒影，一时间觉得“天光云影共徘徊”，惊喜异常。他的惊喜，不仅因为看见了人间至美的湖光山色，还因为想起之前读刘鹗《老残游记》时，书中写到在大明湖可以见到千佛山的倒影。很多人曾指摘这很荒唐，两地相距二十余里，怎么可能呢？这一次季羡林通过自己的亲身体验，证实了刘鹗观察之细腻和描写之准确，解决了自己读书时的疑问，心中怎能不狂喜呢？

除了外国文学作品，季羡林对俄国的文学理论、日本的文学理论等也有所涉猎，还曾尝试翻译小说和进行文学创作。他的第一篇小说《文明人的公理》以及另外两篇小说《医学士》和《观剧》发表在1929年的天津《益世报》上。这时，同学们送他的绰号有“大家”“诗人”等等。他在济南省立高中读书的一年，又拿到两个甲等第一名，赢得了高中学习的“大满贯”。季羡林厚积薄发，在同学中独占鳌头，尤其是中文和外语两个方向，都已经有了一定的积累，可以准备一飞冲天，向着人生志业迈开脚步了。

对于少年时的这段求学经历，季羡林曾多次在回忆录中谈及，自己幼无大志，像多数男孩子一样喜欢玩耍、游戏、看闲书，在育新小学毕业之后，没有勇气报考最好的山东省立第一中学，只敢报考当时人们口中的“破正谊”。而叔父对他亦没什么信心，正谊中学毕业后还要求他去投考邮政局的“铁饭碗”。直到高中作文意外得了老师的表扬，考试也考出了平均97分的全校第一名，得了彭校长的对联和扇面的嘉奖，才在自尊心和虚荣心的作用下，开始用功，取得六连冠的好成绩。

其实，这一切都是季羡林攀上人生高峰之后，觉今是而昨非，回首来时路的一种判断。不够优秀的正谊中学，仿佛成了他登顶路上一块碍眼的石头——人生总有一些事，是不能完全释怀的。其实对季羡林来说，正是他最不以为然的正谊中学时期，奠定了他人生发展中第一块重要的基石。他的个人兴趣、广泛的阅读范围、叔父极其严格的管教，以及求学过程中没有过度焦虑的平常心（他自己解释为不求上进），是这个年龄段的少年人最佳的学习状态——内在的感性与外在的理性的平衡。在这种“歪打正着”的学习状态中，他平稳地度过了相对叛逆的时期，成绩虽然不是最突出，但是阅读和学习广泛而深入。所以到了高中，一切积累就开始显现出成果。他开始在学习中体会到内在的喜悦与丰盛，自信心与荣誉感也随之增强，学习渐入佳境，连续三年夺得山东全省高中学生之冠。后来“进京赶考”，亦是得偿所愿。

这一时期还有一件事情，就是在1929年，十八岁的季羡林尚未高中毕业，叔父就开始为他张罗媳妇。在传统社会，人口数量与国家的经济实力和军事实力息息相关，因此大多提倡早婚。战争或动荡的时代更是如此。一直到民国时期，男性十几岁结婚的情况也非常普遍。季羡林作为季家唯一的男丁，延续香火更是不可推卸的“责任”。大多数十七八岁的青年心目中，都有自己倾心爱慕的对象，年轻的季羡林也不例外。他中意的女孩，是与他住一个大院的邻居彭家二大娘的

四女儿彭蓉华①，比他大两岁，季羡林称之为“荷姐”。在他看来，自己“当时是一个十七八岁的毛头小伙子，语不惊人，貌不逮众，寄人篱下，宛如一只小癞蛤蟆”②，而荷姐是少数愿意和自己交流的女孩子之一，为人漂亮、聪明、伶俐、温柔，会是一个难得的好媳妇。但是因为荷姐母亲的短视，两个年轻人最终擦肩而过，没有结成姻缘。就在这一年，十八岁的季羡林按照父母之命，媒妁之言，与另一位“姐姐”，二十二岁的彭德华结婚。彭德华读过小学，大概认得一千个字，但从来也没有读过一本小说。后来季羡林外出求学多年，妻子连一封信也没有亲自写过——早已将所学不多的文化忘得七七八八，根本提不起笔来。

在现代文学史上，如鲁迅与许广平的《两地书》，徐志摩与陆小曼的《爱眉小札》，沈从文与张兆和的《从文家书》等，好多著名的书信集都是爱人之间的通信，反映了现代文化人的爱情生活与情

---

①参见蔡德贵编著：《季羡林年谱长编》，长春：长春出版社，1990年版，第12页。

②季羡林：《忆念荷姐》，《季羡林全集》第3卷，北京：外语教学与研究出版社，2009年版，第424页。

趣。季羡林按照家庭的要求，娶了一个传统妻子，再没有机会享受这种同见同知、志趣相投的精神生活。后来在清华读书时期，他曾在日记中写道："使我最不能忘的（永远不能忘的）是我的 H.（指妻子彭德华，引者注）竟然（经过种种甜蜜的阶段）使我得到 der Schmerz（德文"痛苦"之意，引者注）的真味。"① 不久，他接到秋妹来信，报告妻子怀孕，心中也是一种无法描述的不知是喜是悲的复杂心情。② 1933 年，他们先有了女儿，取名婉如。1935 年，又有了儿子延宗。妻子厚道淳朴，此后照顾儿女，伺候公婆，经年累月，从无怨言。但没有共同语言的婚姻，在最初几年里时常令季羡林觉得苦闷。"纵然是举案齐眉，到底意难平"，是一种难以言明的悲伤与遗憾。

---

①季羡林：《清华园日记》（1932 年 9 月 13 日小序），《季羡林全集》第 4 卷，北京：外语教学与研究出版社，2009 年版，第 94 页。

②季羡林：《清华园日记》（1932 年 9 月 23 日），《季羡林全集》第 4 卷，北京：外语教学与研究出版社，2009 年版，第 120 页。

第三章
水木清华　激扬文字
（上·生活篇）

1930年夏天，十九岁的季羡林高中毕业了。当时山东只有这一所高中，每年的毕业生有七八十人，大部分都会到北平去考大学。山东的民众，仍习惯性地按照科举时期的说法，将高中毕业生去北平考大学，比喻成“进京赶考”。山东省每年几十个“举子”高中毕业后纷纷“进京赶考”，也算当地盛况。当时北平的大学很多，如燕京大学、辅仁大学、郁文大学、平民大学、朝阳大学等等，有国立、私立和教会立等不同办学形式，水平也是参差不齐。其中声望最高的与现在相似，就是北大与清华两所“国立”大学。学生们即使觉得水平不够，也都愿意碰碰运气，很少有不报考的。

这两所大学就仿佛是高高在上的“龙门”，“举子”们个个跃跃欲试，准备鱼跃龙门。山东全省每年高中毕业生七八十人，往往也只能考取两三人，录取比例很低。被录取的在当时人看来就算是跃过龙门、金榜题名了。有些没有被录取的学生，也有些会像科举时期的范进、孔乙己那样，年复一年地复习重考。季羡林来投考的 1930 年，就有一个山东同乡，当时已经报考了五次，次次名落孙山。这一年第六次来考，可惜仍是榜上无名。结果这位同乡神经备受刺激，一个人恍恍惚惚在西山一带漫游了七天，才清醒过来。此后，他了断大学梦，返回老家不知所终。

因为竞争激烈，很多同学都选择报考多所大学，有的甚至会报考七八所。季羡林还记得当时的报名费，是每所大学三元。当时一些二三流的大学，一个夏天甚至组织两三次入学考试，光报名费都是一笔不菲的收入。季羡林跟其他同学不同，经过高中的学习，他对自己极有信心，只报考了北大与清华两所学校。

当时中原地区战火不断、交通受阻，并不太平。1930 年 5 月端午节前后，爆发“中原大战”。

蒋介石的南京国民政府与阎锡山、冯玉祥的军队隔河炮战，破坏了洛口铁路桥，致使铁路运输中断，火车只能在黄河两岸分别向相反的方向开。6月5日，晋军南下占领禹城后，左右两翼偷渡黄河，韩复榘又命毁泺口黄河铁桥。在这样的环境下，投考的学生都要提前上路，在黄河边下车，提着行李走过铁桥，走一段路才能再搭上火车。季羡林等人一路北上，辛苦了几天才赶到北平。

第一次进北平，季羡林从前门火车站下车之后，迷惘地上了一辆洋车，带着焦急、迷茫又充满希望的复杂心情，审视着北平这座陌生的城市。无论是第一次看到“木屋似的电车”，还是一路上无数“红的墙、黄的瓦”，“满填着黑土的小胡同”，季羡林觉得“古老都市的影子”，“像一个秤锤”，沉重地压在他的心上。① 等他们赶到目的地西单大木仓胡同的小公寓，天色已晚。公寓是私人办的，收费比较低，条件自然也比较差。季羡林住在北屋，屋前的小院里，靠墙长着一棵枸杞树，“已经长得高过了屋檐，枝干苍老勾曲像千年

---

①季羡林：《枸杞树》，《季羡林全集》第1卷，北京：外语教学与研究出版社，2009年版，第4页。

的古松，树皮皱着，色是黝黑的，有几处已经开了裂”。[①] 这棵苍老的枸杞树引起了季羡林对故乡的回忆和对生命的哲思，后来在1933年，他曾以这棵枸杞树为题写了一篇抒情散文。

备考的日子是紧张和辛苦的。两所学校各考了三天，把青年学生们折磨得筋疲力尽、焦头烂额。他们白天奔波于考场，晚上还要在租住的小公寓里应付蚊虫的围攻：

> 我坐在窗前读着预备考试的功课。大头尖尾的绿色小虫，在糊了白纸的玻璃窗外有所寻觅似的撞击着。不一会儿，一个从缝里挤进来了，接着又一个，又一个。成群地围着灯飞。当我听到卖“玉米面饽饽”戛长的永远带点儿寒冷的声音，从远处的小巷里越过了墙飘了过来的时候，我便捻熄了灯，睡下去。于是又开始了同蚊子和臭虫的争斗。[②]

---

①季羡林：《枸杞树》，《季羡林全集》第1卷，北京：外语教学与研究出版社，2009年版，第5页。

②季羡林：《枸杞树》，《季羡林全集》第1卷，北京：外语教学与研究出版社，2009年版，第6页。

臭虫这种吸血的小虫极难对付。它们会先爬到天花板，再“空降”到床上咬人吸血，仿佛是黑色的“空降部队”。为了躲避臭虫，季羡林有时不得不睡在桌子上。复习、考试之余，学子们也还有机会品尝北京的小吃、观光北海的风景，听胡同里悠长的京腔叫卖声，也算是忙里偷闲，对京味儿文化的初体验。

北京大学的考场就在沙滩北街（今五四大街）的老北大校舍，而清华因为离城区较远，借用北河沿大街的北大的三院作为考场。当时并没有统一的高考，都是大学自行出题，自主招生。两所大学的考试风格很不一样，季羡林认为清华的考题平平常常，而北大则极有特色。清华大学当年的部分入学考题涉及的内容有：

党义：孙先生民生史观与马克斯（思）唯物史观差异何在？

国文：一、将来拟入何系，入该系之志愿如何？二、新旧文学书中，任择一书加以批评。

英文：五页多的客观题，英文作文包括三个题目可选：《最好的朋友》《入学第一天》《在学校最后的一天》。

史地：包括历代都城、战国时代的学派、秦统一天下的措施、列举中国最大商埠三处说明其水道及铁路交通之位置、从广州往库伦如取最大短道（不走海道）如何走法且经过何地等等。①

相比之下，北大的考题令季羡林有些望而生畏，所以多年后仍记忆犹新。国文题是："何谓科学方法？试分析评论之"。又要"分析"，又要"评论之"，这究竟是考学生什么呢？他当时觉得自己还不懂什么"科学方法"，不过高中学过一年逻辑，就把所学逻辑学的内容融化整合起来，洋洋洒洒写成一篇答卷，自我感觉颇有一点神气。北大英文考试也有特点。每年都会出一首旧诗词，让考生翻译成英文。这一年出的是"别来春半，触目愁肠断。砌下落梅如雪乱，拂了一身还满。"这是南唐后主李煜词作《清平乐·别来春半》的前半阕，抒发离愁别绪的一首词。如何用英文表达中国传统的意象、意境和形式（诗词格律），对中学毕业生来说确实是块

①参见蔡德贵编著：《季羡林年谱长编》，长春：长春出版社，1990 年版，第 14 页。

难啃的骨头。此外，北大英文考试还加试了英文听写。就是一段文章，考官在讲台前读，考生在下面整个记录下来。因为山东省的中学英语教学从来没有听写训练，所以季羡林全凭自己的英文单词储备量，将整个故事写下来，知道大概是英文《伊索寓言》一类书籍中的一则故事。也许因为精神高度集中和紧张，以至于七十多年后，他还清楚记得自己“仓皇中把 suffer 写成了 safer”①。

考试结果出来，季羡林同时被这两所学校录取，一时成了同乡们羡慕的对象。他自言一辈子考试的次数成百成千，从小学一直考到获得最高学位，考试的运气极好，从来没有失败过。但是鱼与熊掌不能兼得，该如何选择，又成了问题。后来经过慎重考虑，季羡林最终选择了清华。当时，留学的热度不亚于今天，而清华大学的前身，是 1911 年以美国退还的一部分“庚子赔款”建设的清华留美预备学堂，是专门培养赴美留学的预科性质的学校。虽然 1925 年清华设立大学部，1928 年也改名为国立清华大学，不过学生们出国

① 季羡林：《记北大 1930 年入学考试》，《季羡林全集》第 4 卷，北京：外语教学与研究出版社，2009 年版，第 79 页。

留学的学风和氛围仍与从前一脉相承，季羡林觉得从留学这个角度来考虑，清华似乎有一日之长。

在那个时代，新生报考清华不需要提前填写所报专业，待录取后，再决定选哪一个系学习；如果学习一段时间，觉得专业不适合自己，还可以转系。季羡林刚刚在北大还是清华之间做了“艰难”的选择，立即又要面对在清华进入哪个系学习的选择：

> 没有入系的选择自由，很不舒服；现在有了入系的选择自由，反而更不舒服。为了这个问题，我还真伤了点脑筋。系科盈目，左右掂量，好像都有点吸引力，究竟选择哪一个系呢？我一时好像变成了莎翁剧中的 Hamlet 碰到了 To be or not to be -That is the question。我是从文科高中毕业的，按理说，文科的系对自己更适宜。然而我却忽然一度异想天开，想入数学系，真是“可笑不自量”。①

①季羡林：《季羡林自传》，北京：中国当代出版社，2008 年版，第 39 页。Hamlet，即莎士比亚著名戏剧《哈姆雷特》中的主人公哈姆雷特。

几经思虑，季羡林选择了西洋文学系（后改名外国语文系）。因为听说系里外籍教授多，不管是哪国人，上课都讲英语，中国教授有时也以英语授课。这种几乎全英文授课的学习环境当时在全国也是首屈一指，名声在外。为了自己朦胧而又真切的留学梦，他当机立断选择了这个专业。

新生一入学，就要过“拖尸”一关。所谓“拖尸”，是英文 toss 的音译，是指新生在报到前必须先到体育馆，老生中的好事者就列队等在那里，几个彪形大汉将新生的双手双脚捉住，抬举起来在空中摇晃几次，然后抛到垫子上，就算完成“拖尸”仪式。墙上还贴着大字标语“反抗者入水！”体育馆游泳池的门户大开，以备不时之需。季羡林觉得这有点像《水浒传》里面提到的杀威棍。他因有同乡、大学篮球队队长许振德保驾护航，免于被“拖尸”。也许有人认为 toss 这一行为，体现了老生虐待新生的美国校园文化，颇为反感。不过季羡林不这么认为，他觉得这体现了清华清新活泼的校风。老生对新生其实并无恶意，这样一种捉弄和玩笑，只是认识彼此，交流友情的一种方式。季羡林躲过了 toss，当初也许为自己的小小特权而沾沾自喜过，不过很多年之后则变成了遗憾："这个终生难遇的机会轻轻放过，以后想补课也不行了。"① 青春时期的很多事情，不管当年如何看待，日后回忆起来，都带有一种不可重复之美，或者说，是一种不可重来之憾。

过了"拖尸"这一关，新生们报到入学，季羡林终于离开了满是臭虫的小公寓，住进了以水木著称的美丽的清华园：

> 清华园这名称本身就充满了诗意。它的自然风光又是无限的美妙。每当严冬初过，春的信息，在清华园要比别的地方来得早，阳光似乎比别的地方多。这里的青草从融化过的雪地里探出头来，我们就知道：春天已经悄悄地来了。过不了多久，满园就开满了繁花，形成了花山、花海。再一转眼，就听到满园蝉声，荷香飘溢。等到蝉声消逝，荷花凋零，红叶又代替了红花，"霜叶红于二月花"。明月之夜，散步荷塘边上，充分享受朱

①季羡林：《梦萦水木清华》，《季羡林全集》第 2 卷，北京：外语教学与研究出版社，2009 年版，第 147 页。

> 自清先生所特别欣赏的“荷塘月色”。待到红叶落尽，白雪渐飘，满园就成了银装玉塑，“既然冬天已经到了，春天还会远吗?”我们就盼望春天的来临了。在这四时变换、景色随时改变的情况下，有一个永远不变的背景，那就是西山的紫气。“烟光凝而暮山紫”，唐朝王勃已在1000多年以前赞美过这美妙绝伦的紫色了。①

这一年西洋文学系的学生只有一个班十八人，其中江苏籍学生五人，四川和山东籍学生各有三人。西洋文学系分三个专修方向（specialized）：英文、德文和法文。不过，因为学生们的英文都是从小学起，已经达到一定程度，而德文和法文则是零基础，要从字母学起，所以这里的通行语言主要还是英文。

此时，中国的政局并不稳定，政治事件经常波及大学校园。季羡林入学的1930年正值中原大战，他就是穿越战火区来到学校报到的。1931年

---

①季羡林：《清华颂》，《季羡林全集》第1卷，北京：外语教学与研究出版社，2009年版，第403—404页。

的九一八事变，又在清华激起千层浪。日本出兵沈阳，并不断扩大到东北全境。青年学生凭着爱国主义热情，决定向政府请愿。季羡林也参加了清华学生卧轨绝食的请愿活动，他真的把头枕到铁轨上，心中还在想着，如果火车真的开过来，到底是抬起头来躲开，还是为国牺牲，让火车轧过去。之后，他们又登上火车，到南京政府去请愿。11 月 25 日，北平、上海、杭州、苏州、无锡等地一万多高校学生聚集在南京政府请愿，要求蒋介石出兵抗日。11 月 26 日，学生们又跑到国民党中央党校。蒋介石接见了请愿学生，告诉学生自己已经派兵到东北，将满腔热血的学生劝回。季羡林就在这些学生当中，他不是学生领袖，没有什么自己的政治主张，只有爱国的热情，结果被蒋介石安抚，与同学们一起铩羽而归。

这是季羡林在清华唯一参加过的政治活动。其实，除了反帝爱国之外，国共两方的学生在校园里的斗争也很激烈，季羡林的朋友共产党员胡乔木，就曾经动员他参加革命：

胡乔木（原名胡鼎新）同志正在历史系学习，与我同班。他在进行革命活动，其实

> 也并不怎么隐蔽。每天早晨，我们洗脸盆里塞上的传单，就出自他之手。这是一个公开的秘密，尽人皆知。他曾有一次在深夜坐在我的床上，劝说我参加他们的组织。我胆小怕事，没敢答应。只答应到他主办的工人子弟夜校去上课，算是聊助一臂之力，稍报知遇之恩。①

可以看出，季羡林在清华的四年，基本没有被卷入政治运动的洪流，但是曾经去工人夜校兼课，在不同政治倾向的学生中间，属于偏左倾的“逍遥派”，主要的生活轨迹还是按部就班，以学习为主业。

清华大学是国立大学，花费并不高。每学期的学费是四十元，而且在学生毕业时如数返还，作为学生毕业旅行之用，所谓读万卷书，行万里路。学校也不收住宿费，餐费每月六块大洋，伙食非常好，每顿都有肉。这样的待遇不能说不优厚。而且，季羡林的家乡清平县，从未出过清华高才生，国立大学生恐怕也只有他一个，因此特

---

①季羡林：《我的心是一面镜子》，《季羡林全集》第5卷，北京：外语教学与研究出版社，2009年版，第524页。

意每年补贴给他五十元的奖学金，这也能减轻家里的一部分负担。但是，在清华读书的这几年，季羡林的叔父家经济情况日趋拮据，而作为西洋文学系的学生，除了基本生活消费之外，采购外文原版图书的费用也是一笔非常奢侈的高消费。季羡林在日记中记载的购书记录，以 1932 年为例，从 8 月 22 日开学至 10 月 3 日第一次写家信要四十元钱，期间购买书籍九次，画一次，大多数为昂贵的外文原版书，如叶公超课程的课本 Chief Modern Poets，学校打 7 折订购的还要 9.7 元，印制非常精美，比一个月的伙食费还贵。而且，就在 10 月 4 日的日记中又记：

> 忽然决意想买 Robert Browning，共约二百元。今学期储最少二十元，下学期一百元，明年暑假后即可买到。①

这是季羡林刚刚写家信要四十元钱的第二天，日记中提到的是英国诗人和剧作家罗伯特·勃朗

---

①季羡林：《清华园日记》(1932 年 10 月 4 日)，《季羡林全集》第 4 卷，北京：外语教学与研究出版社，2009 年版，第 125 页。

宁，二百元相当于两年半的学费。这宏大的购书计划，后来是否成真，在日记中没有记载，不过一个多月后的11月24日，季羡林在日记中又记：“今天寄家信要五十元”①。从这些日记中的零碎记载，可以看出季羡林是如何顶着经济压力，“不知死活”地痴迷于书籍。他大学期间的日记遍布各种订书、买书、借书、读书、抄书、译书的记录，简直可以说是爱书入迷，购书费用基本占全部生活费的三分之二以上，甚至游西山时也会觉得“这样幽美的地方，再有一架书相随，简直是再好没有了”②。

这样高额的消费，令季羡林原本就不富裕的家庭越发感到压力。婶母首先发难，不能理解和接受这种“奢侈”。季羡林在1933年3月2日的日记中记载，这一天接到叔父的信，说婶母的意思是一切宜从俭。而恰好在前一天3月1日，季羡

---

①季羡林：《清华园日记》（1932年10月4日），《季羡林全集》第4卷，北京：外语教学与研究出版社，2009年版，第155页。

②季羡林：《清华园日记》（1932年9月21日），《季羡林全集》第4卷，北京：外语教学与研究出版社，2009年版，第116页。

林还刚刚寄出了一封要四十元钱的家信。看到叔父和婶母的告诫，可以想见他心中的难过和难堪，一定恨不能追回那封信，以后再也不向他们伸手。加上后来婶母病重，堂妹秋妹指摘是季羡林气病的，更令他感到来自家庭的压力，痛苦不堪：

> 家庭，论理应该是很甜蜜。然而我的家庭，不甜不蜜也罢，却只是我的负担。物质上，当然了，灵魂上的负担却受不了。①

> 几日来，心情非常坏，一方面因为个人的前途恐怕不很顺利，一方面又听一叔说母亲有病，香妹定七日出嫁。……谈到香妹，又有了经济问题。婶母为什么病的呢？不是因为经济吗？现在刚好了，又来了经济问题，我说什么？我能说什么？②

---

①季羡林：《清华园日记》（1933 年 3 月 3 日），《季羡林全集》第 4 卷，北京：外语教学与研究出版社，2009 年版，第 188 页。

②季羡林：《清华园日记》（1933 年 7 月 4 日），《季羡林全集》第 4 卷，北京：外语教学与研究出版社，2009 年版，第 223—224 页。

香妹是季羡林的亲妹妹，在1925年他们的父亲去世之后，因母亲无力抚养，也被送到叔父家。季羡林曾想等自己有经济能力之后，理应负担亲妹妹的一切费用。如今，香妹要出嫁了，做哥哥的不但不能出资，连自己和妻儿也还需要叔父供养。婶母病了好几个月刚刚好，母亲又病了，这样关系复杂、状况频出而经济又日趋困顿的家庭，怎不让人苦恼？

1933年秋季刚开学不久，季羡林接到了“母病速归”的电报。他急忙买好车票回到济南，但是叔父婶母告诉他，母亲不是病了，而是已经走了。这对季羡林来说无异于晴天霹雳。八年未见，在记忆中面貌已经模糊的母亲，在官庄老家，一双儿女都不在身边，就这样孤零零地走了。季羡林一时悔痛难当：他想到小时候自己偶然得到的好吃食，母亲从不沾边，永远吃最差的；他想到八年前父亲去世，自己回乡奔丧短暂的相聚却成诀别；他想到八年来母亲在农村，守在一个既没有孩子也没有男主人的家里如何独自耕种；他想到二月份突然接到母亲的来信时，竟然只顾得兴奋开心，甚至没有在意信里提到，母亲的身体不太好；他想到漫长的八年间，自己从一个少年变成青年，结婚生子，读书求学，却从没抽出一个假期一点时间回乡探望过母亲一次；他想到自己已经赚过不止一次稿费，也领过不止一次奖学金，却从没有给穷病缠身的母亲孝敬过一分钱；他想到自己一直寄希望于毕业找到工作好好奉养母亲，然而“树欲静而风不止，子欲养而亲不待”。他遍寻记忆，竟不能在脑海中找到母亲的笑容，母亲似乎一辈子也没笑过，她常常对邻居说的一句话，就是“早知道送出去回不来，我无论如何也不会放他走的”①。

得知母亲去世的噩耗，季羡林几乎昏倒，躺在床上水米未进，哭了一天。多少前尘往事，刹那间凝固成永恒。他赶回故乡官庄为母奔丧，母亲已经装殓，空空荡荡的屋子，中间停着一口棺材。他在家徒四壁的老屋，陪伴母亲的棺材，度过了最后一点时光。没有恐惧，只有无穷无尽的遗憾和不舍。他躺在满是跳蚤的破烂床铺上，想象着母亲是如何这样度过了一夜又一夜，漫长的

---

①季羡林：《赋得永久的悔》，《季羡林全集》第2卷，北京：外语教学与研究出版社，2009年版，第354页。

无所谓希望的等待的日子。后来他在日记中说，“当我死掉父亲的时候，我就死掉母亲了，虽然我母亲是比父亲晚八年以后死的。”[1] 安葬母亲之后，季羡林回到学校，继续自己的学业。他久久不能放下心中的愧疚和遗憾，有时将这种感情记在日记中，一时间思念母亲，甚至不能相信母亲已经走了。

繁忙的课业之外，季羡林一直保持着写文章和翻译作品的习惯。他写的一篇散文《年》，送给叶公超教授看之后，得到了很高的评价，认为写的不是小思想、小感情，而是“人类普遍的意识”。叶教授立即答应推荐发表，后来季羡林看到散文发表在文学刊物《学文》上，喜不自胜。在清华四年，他这一时期创作的散文主要有《年》《黄昏》《寂寞》《枸杞树》《兔子》等，部分发表在当时较有影响的文学报刊上。其中的佳作，是他 1934 年写的《母与子》。该文将本村一个老妇人思念儿子的故事，嵌套在自己回乡奔丧的经历

---

①季羡林：《清华园日记》（1934 年 6 月 7 日），《季羡林全集》第 4 卷，北京：外语教学与研究出版社，2009 年版，第 324 页。

中。老妇人的儿子三年前去当兵，她思念儿子，向季羡林这个外地的大学生、见过世面的人打听儿子的消息。老妇人接到一封信，她不识字，但知道一定是儿子的信，就递给季羡林，请他来帮忙。季羡林从信中得知，她的儿子半年前已经在河南某地阵亡，这是同乡请她找人设法拉回棺材的信，因为写错了地址，辗转半年多才到她手里，早已物是人非。季羡林百感交集，他不能把真相告诉这个满怀希望的老妇人，这对她的打击将是致命的。他只能假意劝慰，让老妇人继续如祥林嫂一般，絮絮叨叨地念叨儿子，怀着迷茫的希望。季羡林将真相告诉本村的邻居，像《祝福》中的“我”逃开祥林嫂、逃离鲁镇一样，逃开了老妇人、逃离了官庄村，既无法面对，又不能忘却：

> 这个老妇人的面孔总在我眼前盘桓：干皱的面纹，霜白的乱发，眼睛因为流泪多了镶着红肿的边，嘴瘪了进去。又像看到她站在我面前，絮絮地扯不断拉不断地仿佛念咒似的低语着，嘴一凹一凹地在动。先仿佛听到她向我说，她儿子小的时候怎样淘气，怎样有一次他摔碎了一个碗，她打了他一巴掌，

> 他哭。又仿佛看到她手里拿着一封雨水渍过的信，脸上堆满了微笑，说到她儿子的好处，怎样她做了一个梦，梦着他回来……然而，我却一直没接到故乡里的来信。我不知道别人告诉她她儿子已经死了没有，倘若她仍然不知道的话，她愿意把自己的喜悦说给别人；却没有人愿意听。没有我这样一个忠实的听者，她不感到寂寞吗？[1]

失去儿子的母亲和失去母亲的儿子，这是怎样的命运，怎样的人生啊！季羡林将自己痛彻心扉的丧母之情，和老妇人疯疯癫癫的思子之心，交织在行文中，这个故事没有少年散文“为赋新词强说愁”的甜腻，超达人类情感的深渊，因而感人至深，也是他青年时期，对于官庄最后的记忆。

这一时期，季羡林与同读清华的吴组缃、林庚和李长之结为好友，人称“清华四剑客”。吴组缃、林庚在中文系，李长之在哲学系。他们因听

---

①季羡林：《母与子》，《季羡林全集》第 1 卷，北京：外语教学与研究出版社，2009 年版，第 41—42 页。

课而有了交往，经常一起聚谈、游园、看戏、散步，虽因性格和观念不同而经常争论，但并不影响交流。这些人中麟凤的青年才俊们，臧否文坛，吐槽教授，讨论新书，批评作品，虽然眼高于顶有时未免偏颇，但在尽情交流的沙龙文化中，撞击出思想的火花，常常文思泉涌，不负大好时光。这一时期，季羡林和同学们一起阅读了大量刚刚面世的新文学作品，发表的文学评论，包括《巴金的〈家〉》《评〈烙印〉》《再评〈烙印〉》《〈夜会〉书评》等等。他还写过一篇评价丁玲小说《母亲》的文章，因为言辞犀利，引起沈从文不满，季羡林同意撤掉了这篇文章。"恰同学少年，风华正茂；书生意气，挥斥方遒。指点江山，激扬文字，粪土当年万户侯。"毛泽东的这首《沁园春·长沙》，正是这些青年才子的气质与气魄的写照。

有了清华大学这样的平台，青年学子和教授、文人、作家也开始有了一些交往。季羡林读书期间曾得到吴宓、沈从文、叶公超、郑振铎、巴金等师友的提携和帮助。郑振铎同巴金、靳以主编的《文学季刊》当时在文坛颇有影响。季羡林等青年学生当时还名不见经传，却也在《季刊》的编委或特约撰稿人之列，这让季羡林十分意外。他觉得郑振铎先生豁达大度、待人以诚，没有教授架子，没有行帮意识，是青年学生的良师益友。他同郑先生成了忘年交，一直到1958年郑先生因飞机失事而遇难，终生维持着友谊。当然，季羡林也受到过来自师长的打击。叶公超教授推荐发表了他的散文之后，为了表示感激之情，他又写了一篇《我是怎样写起文章来的》送给叶先生看，结果却狠狠地碰了一个钉子。叶公超把他叫去，将原稿退还，大声说："我一个字都没有看！"季羡林一时目瞪口呆，拿着文章"开溜大吉"，却永远也没有解开这个为什么会触怒老师的谜团。另外，因为稿件问题，季羡林在日记中也记录了不少对巴金等《文学季刊》编辑的不满和愤怒。他们因此计划另办一个刊物《文学评论》，四处奔走，准备跟《文学季刊》分庭抗礼，又令郑振铎夹在中间，颇为不快。这些恩怨纠葛，后人可能很难断得清官司了。

不要说教授、作家们各有性格，学生才子们也是个性十足。比如同在西洋文学系的钱锺书，就眼高于顶，教授、学生谁也不放在眼中。季羡林也自视甚高，两人同在一系三年（季羡林晚钱钟书一年入校），从未交谈。① 要知道，当时西洋文学系一届学生只有二十人左右，全系同时在读学生加起来也绝不会超过一百人，三年不说一句话是什么概念，大家都能体会。才子们相看两厌，视如不见，朋友也不能尽如人意。季羡林在日记中常提到各种对同学的不满，包括小家子气、劣根性等等。尤其到了毕业季，他一度情绪低落，常在日记中表达自己的孤独和对朋友的失望：

> 我自己心胸总不免太偏狭，对一切人都看不上眼，都不能妥协，然而说起来，又实在没有什么原因，倘若对自己表示一点好感，自己就仿佛受宠若惊，这岂不是太没出息了吗？②

> 我认识了什么叫朋友！什么东西，我以

①季羡林口述、蔡德贵整理：《季羡林口述人生》，北京：外语教学与研究出版社，2010 年版，第 58 页。

②季羡林：《清华园日记》（1934 年 3 月 22 日），《季羡林全集》第 4 卷，北京：外语教学与研究出版社，2009 年版，第 316 页。

> 后一个鸟朋友也不要，我为什么不被人家看得起呢？[①]
>
> 宁与敌人作小卒，作奴隶，不与朋友作小卒，作奴隶。我诚恳地祈祷：《现代》上把我的文发表了罢。不然我这口气怎样出呢？[②]

对于青年的现实生活来说，教师的责骂，朋友的反目，投稿的失利，家庭的不睦，可能都是困扰和折磨自己的痛苦之源，但是对人的一生来说，鲜花与掌声固然是谁都欢迎，负面的人生经验，却也未必不是一种成长。人的一生当然永远也不会圆满，失去至亲，离散朋友，遭遇挫折……只有经历了这些痛苦，人才能真正成熟起来。

1934 年，季羡林决心不再向家里要钱，他这时偶尔能拿到一些稿费。季羡林在 1934 年 2 月 21

---

①季羡林：《清华园日记》（1934 年 5 月 30 日），《季羡林全集》第 4 卷，北京：外语教学与研究出版社，2009 年版，第 340 页。

②季羡林：《清华园日记》（1934 年 6 月 2 日），《季羡林全集》第 4 卷，北京：外语教学与研究出版社，2009 年版，第 341 页。

日又一次收到奖学金之后，就在日记中表示，这学期不向家里要钱的计划大概可以实现了。他这一学期的日记中没有购书记录，满是毕业季的忙乱、怅惘。生活中充满了各种考试和论文，除了“苦坐”“头疼”“考题非常讨厌”等等，就是“心里空空的”“心里颇有落寞之感”。6 月 11 日，季羡林考完最后一门课 philology 之后，大学的学习就此画上句号，没有预想的痛快与兴奋，“除了心里有点空虚以外，什么感觉也没有”①。

毕业在即，季羡林的叔父又刚好失业，这真是季家风雨飘摇的一年。那时的大学生虽是凤毛麟角，但社会上相对应的职位也是一样稀少：

> 当时流行着一个词儿，叫“饭碗问题”，还流行着一句话，是“毕业即失业”。除了极少数高官显宦、富商大贾的子女以外，谁都会碰到这个性命交关的问题。我从三年级开始就为此伤脑筋。我面临着承担家庭主要经

①季羡林：《清华园日记》（1934 年 6 月 11 日），《季羡林全集》第 4 卷，北京：外语教学与研究出版社，2009 年版，第 344 页。

> 济负担的重任。但是，我吹拍乏术，奔走无门。夜深人静之时，自己脑袋里好像是开了锅，然而结果却是一筹莫展。①

这时，季羡林收到母校济南高中校长宋还吾的邀请信，希望他回到母校去担任国文教员，月薪一百六十大洋，是大学助教的一倍。季羡林本以为是教英文，听说是教国文之后，颇为犹豫。自己是学西洋文学的，能胜任高中国文教员吗？但是越来越迫近毕业，离校已成定局，季羡林最后咬牙答应下来。接着，参加了几次欢送会，经过了毕业旅行，戴上租来的学士帽，照了一张毕业相，季羡林结束了四年的大学生活。

---

①季羡林：《我的心是一面镜子》，《季羡林全集》第5卷，北京：外语教学与研究出版社，2009年版，第525页。

第四章
水木清华　激扬文字
（下·学业篇）

季羡林四年的大学生活，最重要的人生经历，当然还是他的主业——学习。西洋文学系是全英文授课，课业非常繁重，稍有懈怠就可能跟不上。在课程设置方面，有“欧洲文学史”“欧洲古典文学”“中世纪文学”“文艺复兴文学”“文艺批评”“莎士比亚”“英国浪漫诗人”“近代长篇小说”“文学概论”“文艺心理学（美学）”“西洋通史”“大一国文”“一二年级英语”等等。

季羡林后来在他的自传、回忆录、口述中，反复提到清华时期的学习和西洋文学系的教授们。他对这一时期的学习，尤其是对本系的必修课程

并不满意，对于一部分教授的学问和人品也有质疑，即使是优秀的教授、学者，在他看来也往往带着性格上的怪癖或高高在上的“教授病”，受他敬仰或喜爱的老师不多。他直到晚年还是不想为尊者讳，没有改变对这些教师的看法。

叶崇智（公超）教授教第一年英语。他早年留学美国、英国、法国，是英国剑桥大学的文学硕士，英文非常好。他用的课本是英国女作家简·奥斯汀的英文原著《傲慢与偏见》。但他的教学法季羡林却不敢恭维：一不讲授，二不解释，而是按照学生的座次从第一排右手起，每一个学生念一段，依次念下去。因为学生的座位并不固定，所以是否每位学生都念到，叶先生并不知道；至于每个学生念多长一段，也并没有一定规律，只是一声令下：Stop！于是就停下来。他就会问学生：“有问题没有？”如果没有，就是邻座的第二个学生念下去。学生们开始都非常茫然，后来有同学提了一个问题，没想到叶先生大喝一声：“查字典去！”教室里立刻鸦雀无声。从此再没有人提任何问题了。

当时的系主任王文显教授，教莎士比亚研究。

他是江苏昆山人，中国现代戏剧的先驱之一。他在伦敦大学取得学位，英文极好，能用流利的英文创作话剧，学生几乎没怎么听他说过中文。他是莎士比亚研究的专家，隔年开一次莎士比亚的课。自己用英文写成一本厚厚的讲义，既不拿来出版，据说也从不修改、增删。他在课堂上念讲义，表情严肃，一丝不苟，一句闲话也没有。他上课的情形，曾被讥笑为“好似一个长老会的牧师正在主持葬礼”。下课铃一摇，立刻合上讲义走人。多少年来，都是如此。不要说季羡林对这位教授的课不满意，连爱好戏剧的曹禺，从南开慕名投考过来，也是大失所望，想不到这位创作幽默讽刺喜剧的教授，在生活中是如此沉闷和死板。不过，也有人对王教授这种授课方式表示赞同，认为西方戏剧入门的基础课，就应该用扎扎实实的讲稿说话，不必把讲台变成展示教师个人风采的舞台。

曾经代理系主任的吴宓教授当时讲授过两门课：“英国浪漫诗人”和“中西诗之比较”。前者要求学生大段地背诵浪漫诗人的诗句，有时要求背诵很长的诗歌。后者是比较文学的课程。吴宓教授是学衡派的代表，反对白话诗歌和白话文运动，主张昌明国粹、融化新知，所以课程主要以西方的诗和中国的古诗比较，季羡林不记得吴宓有比较文学方面的学术代表作，关于比较文学理论，也不记得课上有系统讲授。反之，他最难忘的却是：吴宓教授把自己一些新写成的旧诗也铅印成讲义，在堂上散发。其中有一些情诗，还一度引起同学们的议论。

讲授初级法语的是外籍教师华兰德（Holland）小姐。她满头银发，终身未婚，脾气很坏，几乎每堂课都在骂人。她的教学方法也不得当，即使很简单的句子，也翻来覆去地教，好像面对的是小学生一样。因为脾气古怪，几乎把百分之八十的学生都骂走了，只剩下包括季羡林在内的五六个不怕骂的学生。后来几个人商量“教训”她一下，就在课堂上一齐站起来，对她狠狠地顶撞了一番。想不到从此以后，这位华兰德教授真的有所收敛，再也没有乱发脾气。

讲授中世纪英语的美籍女教授毕莲（Bille），在斯坦福大学取得硕士学位，常常在第一堂课大声背诵英国大诗人乔叟的《坎特伯雷故事集》的开头几段，给学生一个下马威。但季羡林认为，这位女教授也是一无著作，二无讲义，她的威风仅此而已，以后就再也没有什么新花样了。他因此开玩笑说：程咬金还能舞上三板斧，毕莲老师却只能砍上一板斧。

美籍教授温德（Winter），教欧洲文艺复兴文学和第三年法语。这位教授是个单身汉，终身未娶。据说他读的书很多，但季羡林不记得他写过学术文章。这位教授追求高档消费，可经常上当受骗而不自知。比如他身上穿着五百块大洋买来的高价大衣，眼睛上戴着八十块大洋配好但把镜片装反了的眼镜，徜徉在水木清华的林荫大道上，完全不知道自己挨了宰，在学生眼中就是一个行走的“冤大头”。

美籍教授翟孟生（Jameson）教西洋文学史。他原是清华留美预备学堂的理化教员，后来学校改为大学，就留在西洋文学系。这位教授颇为勤奋，在商务印书馆出版了一本厚厚的《欧洲文学概观》（A Survey of European Literature），读后可对欧洲文学有一个完整的概念。不过可能因为半路改行，没有时间和可能去尽读原著，书中在叙述作品故事情节时，不免有张冠李戴、不够确切之处。

英籍教授吴可读（Urquert），讲中世纪文学和当代长篇小说。所讲的当代长篇小说包括赫赫有名的《尤里西斯》和《追忆逝水年华》。这两部世界文学巨著在当时出版还不太久，比较晦涩难解，季羡林听得云里雾里，觉得教授并没有阐释透彻。季羡林后来还回忆说吴可读教授既无著作，也无讲义，上课时随口讲，学生们顺手记。其实这是误记，吴可读在 1933 年就出版了英文著作《西洋小说发达史略》，当时同为清华大学教授的吴宓为其题写了中文书名。从季羡林的日记来看，其中也有一条记载着“早晨吴可读忘带讲义”，[①]可见这位教授并非既无著作，也无讲义。

西洋文学系当时规定，学生选修某种语言从一年级一直到四年级，就算是专修某种语言方向，叫作什么语专门化。季羡林的方向是德语专门化。四年学习，德文方向一共有三位教授授课。讲授第一、二年级德语的是杨丙辰教授。杨教授是河

①季羡林：《清华园日记》（1932 年 12 月 28 日），《季羡林全集》第 4 卷，北京：外语教学与研究出版社，2009 年版，第 171 页。

南南阳人，本名杨震文，字丙辰，当时任北京大学德文系系主任，并在清华等高校兼课。他早年留学德国，德语水平很高，也有不少译作，翻译过席勒的戏剧《强盗》、歌德的小说《亲和力》等。这位老师对学生极亲和，季羡林的《清华园日记》中记载与杨丙辰教授的交往有几十条之多，除上课外，还涉及拜访、谈话、吃饭、发表文章、翻译、出版刊物、就业等诸多内容。可见这是一位没有架子、非常热心帮助学生的教授。

不过，季羡林后来也回忆说，这位教授同时在五所大学兼课，收入可观，时间和精力却明显不够，所以教学态度并不认真，甚至有点游戏人生的意味。学生交上试卷，他看也不看提笔就写上分数。有一次，一个学生交上卷子半天仍站在他身边不走，他以为是嫌分数少，马上提笔给加了一档分数。曾经有人评价说，把他放在地狱，嫌人太好；放在天堂，又嫌人太世间气，所以他是一个无处安放的人——属于自己的王国。①

①语出北京大学英文系教授温源宁的英文散文集《一知半解》，参见张中行：《杨丙辰》，《负暄琐话》，哈尔滨：黑龙江人民出版社，1986 年版，第 54 页。

讲授第三年德语的德籍教授石坦安（Steinen），教书非常认真，颇得学生喜爱。季羡林在四年级时还选修过他的德国抒情诗选修课。教第四年德文的艾克（Ecke）教授也是德国人。他在德国拿到博士学位，精通希腊文和拉丁文，主修艺术史。他偏爱德国古典派的诗歌，对诗人薛德林（今通译为荷尔德林）情有独钟，经常在讲课时提到。艾克教授很有学问，曾用英文写过一部学术专著《中国的宝塔》，其中有很丰富的资料和图片，在国外汉学界很有影响。艾克教授的另外一部专著是研究中国明代家具的，同样图表资料丰富，非常扎实。不过，艾克教授教书并不认真，也不愿费力。季羡林和几个学生曾经请艾克教授用德文讲课，不用英文。他便用最快速度的德文说了一通，然后问学生："你们听懂了什么吗?"学生们瞠目结舌，当然跟不上这种速度，只好老实回答听不懂。从此再也没有人敢提用德文讲课的事情了。结果四年德语课下来，教一、二年级德语的杨丙辰老师在课堂上只说汉语，教三、四年级德语的德国老师只说英语，从来不用德语讲课。季羡林学了四年德文，只能读写，却不能听和说。

总的来说，在本系所有的必修课中，几乎没有季羡林感到满意的。几十年之后再回首，对大部分教授和课程依然如是评价。也许我们不禁要问，名扬天下的清华大学外国语言文学系，这些课程真的没有达到培养目标，这些教授真的大多不够资格吗？培养出了钱锺书、季羡林、曹禺、李健吾、穆旦、王佐良、许国璋、李赋宁等著名学者、作家、翻译家的地方，为什么令季羡林如此不满呢？

原因是多方面的，也比较复杂。首先，从课程设置方面来说，西洋文学系的教学目标和季羡林的期待有一定的差距。季羡林对于大学教育的期待，其实是学术研究型的教育。虽然他也曾多次说，自己读大学时还没有明确的志业方向，只想毕业之后能抢到一只“饭碗”。但读季羡林日记，我们就会发现他的真实想法：“我有个偏见，中学是培养职业人才的地方，大学是培养研究人才的地方”，“毕业不能继续研究，比中学毕业还难堪”。① 季羡林一直认为，有了中学时的坚实基

① 季羡林：《清华园日记》（1932 年 11 月 10 日），《季羡林全集》第 4 卷，北京：外语教学与研究出版社，2009 年版，第 146 页。

础，大学期间应该在专业学术上有所精进。但是，作为外语系，熟练掌握语言的工具性在学习中始终占据着相当的比重。尤其是要从字母学起的法文、德文，在他的日记中满是被法文考试搞得焦头烂额的记载，除了这三门外语，他还学习过一段时间的俄文，终因精力不足而放弃。可见在短短四年的时间里，同时学习三四门外语，学生想跟上都不容易，专业性和学术性的研究当然是谈不上的。从教授的角度来说，让这些名校毕业的教授们从A、B、C、D教起，或者给语言还不过关的“初级生”讲艰深的西方文学，也不能不说是一种折磨。因此，教授们时有敷衍之举，或脾气古怪、态度生硬，学生们深有感触，自然颇为不满。除开语言的工具学习，“西洋语言文学系”的培养宗旨，吴宓在1926年代理系主任时就曾对此有明确说明：

> 本系课程编制之目的，为使学生得能：（甲）成为博雅之士；（乙）了解西洋文明之精神；（丙）熟读西方文学之名著，谙熟西方思想之潮流，因而在国内教授英、德、法各国语言文字及文学，足以胜任愉快；（丁）创造今日之中国文学；（戊）汇通东西之精神思

想而互为介绍传布。①

吴宓深受白璧德新人文主义的影响，在本科教育中注重人文主义的博雅教育，只有到了研究院（类似今日之研究生院）阶段，才会更加专注于对学术能力的培养。所以不难理解，一直认为大学应培养学生学术专业能力的季羡林，潜意识中已经有了进行学术研究的期待，现实的语言教育和博雅教育的课程设置当然令他失望，只觉得自己每天在各种课程中疲于奔命。

其次，从师生关系方面来说，当时的大学教授与大学生尤其是非常优秀的学生之间的关系是比较微妙的。季羡林回忆说，大部分教授与学生之间有着明显的鸿沟：教授工资高，社会地位高，有所谓的“教授架子”。学生们只是一群有待于到社会上去抢一只饭碗的碌碌青年，同教授们不大来往，路上见了面，也是望望然而去之。② 在当

① 吴宓：《本校西洋文学系课程总则及说明》，《清华周刊》1926 年第 25 卷第 14 期。

② 季羡林：《季羡林自传》，北京：中国当代出版社，2008 年版，第 43 页。

时，教授们待遇优厚，说捧着的是“金饭碗”确不为过。大学里最优秀的本科学生呢，与教授的金饭碗之间，有时并非只是“鸿沟”，也可能是几步之遥，可望也可即。例如早季羡林一年入学的钱锺书，1933 年在西洋文学系本科毕业后即赴上海光华大学任教；季羡林的好友清华中文系的林庚，也是在这一年毕业，留在了清华大学任助教，1934 年亦开始在北大兼课；他的另一位好友吴组缃，也是 1933 年毕业后在清华研究院继续深造，之后也进入高校教书。所以在当时，对大学里最优秀的这些有志于学术研究的学生们来说，教授们不仅是自己的老师，也是将来潜在的同行。虽然助教与教授之间待遇差距也有“鸿沟”，但是只要足够优秀，这“鸿沟”也许在未来几年内就可以填平。这就不难理解，为什么季羡林笔下的教授生活，总有点奢侈得刺目和令人不舒服。例如德国教授艾克，“工资极高，孤身一人，租赁了当时辅仁大学附近的一座王府，他就住在银安殿上，雇了几个听差和厨师。他收藏了很多中国古代名贵字画，坐拥画城，享受王者之乐。”① 学生们学

①季羡林：《季羡林自传》，北京：中国当代出版社，2008 年版，第 41 页。

习辛苦，生活拮据，前途未卜，想谋教职不易；而教授们待遇优厚，早早占住了教职，捧着“金饭碗”高高在上。这难免让同样有志于学术可未来却一片茫然的季羡林看不惯，审视教授们的学术水准的目光有时也难免更苛刻。他后来对每位教授的回忆，首先都强调有没有学问，有没有专著，有没有这方面的学术论文，这显然不是从大学本科外语教育和人文博雅教育的角度看待老师，而更多是从专业和学术的角度，在审视“同行”了。

其实，师不必贤于弟子，弟子亦不必不如师。对于某些确有天赋才华又积累深厚的尖子生来说，是不是一定要更优于他的人才有资格教授他，也是仁者见仁、智者见智的问题。季羡林清华时期的日记，虽然只是1932至1934年的，亦可以较为全面地反映他这四年上课的基本状态，我们不妨摘录一些：

> 早晨就跑到二院，先缴费（＄16.2），后注册，再选课。我选的是三年德文，二年法文，文艺复兴，中世纪，莎士比亚，现代文学，近代戏曲，西洋小说，40学分。我还想旁听Ecke的Greek和杨丙辰的Faust。今年

一定要大忙一气的。①

早晨跑到一院去旁听Greek，只有一个女生在教室里，我没好意思进去，Ecke也终于没来。上drama，王文显只说了两句话，说他大忙，就走了。过午杨丙辰的Faust昨天就说不上，我回到屋里一睡，醒了后Pollard的Medieval已经上过了。②

早晨只上了一班法文，大部分时间都用在读俄文上。俄文的确真难，兼之没有课本，陈作福字又写得倍儿不清楚，弄得头晕脑浑，仍弄不清楚。过午上俄文，大瞪其眼。

过午大部分时间仍在读俄文。③

---

①季羡林：《清华园日记》（1932年9月12日），《季羡林全集》第4卷，北京：外语教学与研究出版社，2009年版，第112页。

②季羡林：《清华园日记》（1932年9月15日），《季羡林全集》第4卷，北京：外语教学与研究出版社，2009年版，第114页。

③季羡林：《清华园日记》（1932年9月19日），《季羡林全集》第4卷，北京：外语教学与研究出版社，2009年版，第117页。

小说，吴可读说得倍儿快，心稍纵即听不清楚。①

今天上叶公超现代诗，人很多，我觉得他讲得还不坏。他在黑板上写了 E. E. Cummings 一首诗，非常好，字极少而给人一个很深的回音。②

过午读叶公超先生指定杂志，不觉对 Modern Poetry 感到很大的趣味。我想把他指定的都读读，然后做一篇关于 Modern Poetry 的论文。

晚上仍然读。③

---

①季羡林：《清华园日记》（1932 年 9 月 21 日），《季羡林全集》第 4 卷，北京：外语教学与研究出版社，2009 年版，第 118 页。

②季羡林：《清华园日记》（1932 年 9 月 28 日），《季羡林全集》第 4 卷，北京：外语教学与研究出版社，2009 年版，第 122 页。

③季羡林：《清华园日记》（1932 年 10 月 8 日），《季羡林全集》第 4 卷，北京：外语教学与研究出版社，2009 年版，第 127 页。

晚上旁听杨先生讲Faust。这次讲的是民间传说的Faust的历史演进。关于这个题目，我曾经译过一篇Francke的东西，然而同杨先生讲的一比，差远了。从前我对杨先生得了一个极不好的印象，以后只要他说的，我总以为带点夸大，不客气地说，就是不很通。然而今晚讲的材料极多而极好。①

早晨本来有四堂课，上了三堂就已经太累了，所以只好再刷Winter（文艺复兴）。

……

晚上大千来谈。我本预定看Sons & Lovers到一百四十页，看到一百三十页时，施、武二君来谈，直至十一点始走，我决定非看完不行。……终于看完了，而且还多看了几页。然而眼苦矣。睡。②

---

①季羡林：《清华园日记》（1932年10月17日），《季羡林全集》第4卷，北京：外语教学与研究出版社，2009年版，第132页。

②季羡林：《清华园日记》（1932年12月9日），《季羡林全集》第4卷，北京：外语教学与研究出版社，2009年版，第162页。

上王文显的班真有相当地讨厌，把手都抄痛了。

过午看 Emma。[1]

回到学校，刚吃过饭，听说早晨吴可读因为上课人太少，要礼拜五考 Madame Bovary，大惊，因为我只看了二十页，于是拼命看——头也晕，眼也痛，但也得看，不然看不完。[2]

今天主要工作就是看 Madame Bovary，无论怎样，总得今天看完——眼更痛，头更晕，但我也更往下看，终于完了。不禁大快，但也骂吴可读。[3]

---

①季羡林：《清华园日记》（1932 年 12 月 13 日），《季羡林全集》第 4 卷，北京：外语教学与研究出版社，2009 年版，第 164 页。

②季羡林：《清华园日记》（1933 年 4 月 12 日），《季羡林全集》第 4 卷，北京：外语教学与研究出版社，2009 年版，第 200 页。

③季羡林：《清华园日记》（1933 年 4 月 13 日），《季羡林全集》第 4 卷，北京：外语教学与研究出版社，2009 年版，第 200 页。

> 吴宓把中西诗文比较paper发还，居然给我I，真浑天下之大蛋！我的paper实在值I，但有比我还坏的，也竟然拿E拿S。一晚上心里不痛快，我觉得是个侮辱。①

> 没做什么有意义的事——妈的，这些教授，不但不知道自己泄气，还整天考，不是你考，就是我考，考他娘的什么东西？②

可以看出，虽然老师们时有缺课，稍显懈怠，不过西洋文学系整个教育体系还是完整、严格的，课程内容复杂紧凑，各种报告、讨论、考试、论文频繁，大多还是一丝不苟的。例如，吴宓跟季羡林师生之间虽有些私人交往，但并不因此而在课程论文的分数方面有所偏向。教授们教书育人各具风格，但大多也是颇有才学。从日记中看得

---

①季羡林：《清华园日记》（1934年2月8日），《季羡林全集》第4卷，北京：外语教学与研究出版社，2009年版，第300页。

②季羡林：《清华园日记》（1934年3月13日），《季羡林全集》第4卷，北京：外语教学与研究出版社，2009年版，第313页。

出，季羡林还是受益颇多，并非真的无所收获。

当然，从另一个层面来说，季羡林在记下这些日记七十多年后决定一字不改地出版，给读者献上一份真诚。我们也可以看到一个努力上课、读书、备考，同时也会吐槽老师、抱怨考试的大学生的生动形象，而不是一个经过各种修饰雕琢的“好学生”的刻板形象。难怪九十多岁的季羡林说，重读日记，忍不住喜欢上了七十年前的那个自己——毫无顾忌、畅所欲言的二十几岁的毛头小伙子，眼高于顶，目空一切，那是多么可爱又可纪念的青春啊。

在本系的必修课、选修课之外，季羡林在四年间还旁听了很多外系的课。比如陈寅恪、朱光潜、朱自清、俞平伯、谢婉莹（冰心）、郑振铎等先生的课，他都曾经旁听过。不过有的时候，也许是因人太多教师怕影响教学，他们这种旁听生也会被老师“请出”课堂。比如女作家冰心，当时非常年轻，慕名而来听课的学生挤满了教室，结果她一脸严肃地请没有选课的同学下次不要再来听课。季羡林等一班蹭课的学生，即使再仰慕女神的风采，也只能灰溜溜地撤退了。

在季羡林旁听的课中，有一门是俞平伯的唐宋诗词。俞平伯家学渊源，是国学大师俞樾的后人，自己也能作诗、填词，学生们对他的诗词课颇为期待。他在课上选出一些诗词，常常自己吟诵。有时闭上眼睛，仿佛完全沉浸在诗词的境界中，遗世独立。然后睁开双眼，连声说“好！好！就是好！”学生们瞪大眼睛，坐等老师解释好在哪里，他却已经去朗读下一首了。诗的好处，有时只在意会之间，“一落言筌，便失本意”，学生们等着听课，却不意瞻仰了一回名士风采。不过，相信很多年以后，所有当年听过课的学生，一定都会对这一幕记忆犹新，对古典诗歌的终极体验，也不会不受俞平伯教授的影响。对于大学人文教育来说，在耳濡目染和精读细讲之间，当然不止有一种选择。

除了课堂教学之外，教授们在课下也不都是高高在上。很多教授和青年学生一起吃饭、聊天、谈学问，还是有不少私人交往的。比如，有一次叶公超教授就在闲谈中告诉他们几个同学，他正考虑一个问题：在中国古代诗歌中人的感觉——或者说是诗人的感觉的转换问题。叶先生举了一句唐诗为例："静听松风寒"①，最初只是用耳朵听，后来却变成了躯体感受的"寒"。这是非常好的文艺理论论题，产生于师生日常的"诗学"闲谈，对学生们来说也是非常宝贵的学习机会。

也许正因为季羡林对大学学习潜在的"学术"期待，本科四年，他的兴趣不在那些重博雅人文教育的必修课，最推崇的却是一门选修课：朱光潜的"文艺心理学"和一门旁听课：陈寅恪的"佛经翻译文学"。他后来认为，这两门课对他一生的志业选择和发展都有深远的影响。

朱光潜教授是安徽桐城人，1925 年投考官费生赴欧洲留学，在英国和法国的四所大学学习八年，获得硕士和博士学位后归国。他应胡适之约到北京大学西语系任教，同时在清华兼课，当时非常年轻，只有三十六岁。他讲课从不看学生，两眼仿佛在看天花板的某个地方，但是没有一句废话，介绍西方各国流行的心理学家和文艺理论，有时候举一些中国旧诗词作例子，从来不牵强附

①这是唐代诗人刘长卿的《听弹琴》中的一句，原诗是："泠泠七丝（弦）上，静听松风寒。古调虽自爱，今人多不弹。"

会，也不用各种古怪的理论。他的课，从心理学的角度来阐释关于美学的问题，学生一听就懂，觉得确实能讲出道理，在学术上诚实，从不哗众取宠。季羡林一下子就爱上了这门课，跟着学习了一年。他后来搞比较文学和文艺理论，就是受了朱光潜先生潜移默化的熏陶。

另一门课，陈寅恪的“佛经翻译文学”，更可以说是季羡林一生志业选择的起点。陈寅恪出身名门，自幼家学渊博，国学功底深厚。曾在十年间游学日本、德国、瑞士、法国、美国等名校，研习梵、巴利、波斯、突厥、西夏、蒙古、英、法、德等多种语言，在历史、文学、语言学等方面造诣颇深，1925 年回国后被聘为清华国学研究院导师。不过，在季羡林考入清华大学的 1930 年，国学研究院已经停办，陈寅恪此时转到历史系继续任教。对于国学研究院，季羡林常感到生不逢时的遗憾：

> 同时并存的清华国学研究院，是一所很奇特的机构，仿佛是西装革履中一袭长袍马褂，非常不协调。然而在这个不起眼的机构里却有名闻宇内的四大导师：梁启超、王国

维、陈寅恪、赵元任。另外有一名年轻的讲师李济，后来也成了大师。这个国学研究院，与其说它是一所现代化的学堂，毋宁说它是一所旧日的书院。一切现代化学校必不可少的烦琐的规章制度，在这里似乎都没有。师生直接联系，师了解生，生了解师，真正做到了循循善诱，因材施教。虽然只办了几年，梁、王两位大师一去世，立即解体，然而所创造的业绩却是非同小可。我不确切知道究竟毕业了多少人，估计只有几十个人，但几乎全都成了教授，其中有若干位还成了学术界的著名人物。听史学界的朋友说，中国 20 世纪 30 年代后形成了一个学术派别，名叫“吾师派”，大概是由某些人写文章常说的“吾师梁任公”“吾师王静安”“吾师陈寅恪”等衍变而来的。从这一件小事也可以看到清华国学研究院在学术界影响之大。①

字里行间，我们可以体会到季羡林对于学术

①季羡林：《季羡林自传》，北京：中国当代出版社，2008 年版，第 39 页。

研究的热忱，以及对有着更为传统的师生关系、因材施教、一心问道的国学研究院的欣赏，认为这才是培养学术人才的正道。

陈先生的“佛经翻译文学”，仍是延续国学研究院的上课思路，不是博雅人文教育课，属于典型的学术研究型课程。所用课本是《六祖坛经》，季羡林为此专门去城里的寺庙购买回来。陈先生讲课，先把必要的材料写在黑板上，然后再根据材料进行解释、考证、分析、综合，对地名和人名更是特别注意。他的分析细入毫发，如剥蕉叶，愈剥愈细，愈剥愈深，本着实事求是的精神，不武断，不夸大，不歪曲，不断章取义。陈先生的研究方法，仿佛一盏学术之灯，在迷雾重重的世界里，照亮一条路，深深吸引了季羡林：

> 他仿佛引导我们走在山阴道上，盘旋曲折，山重水复，柳暗花明，最终豁然开朗，把我们引上阳关大道。读他的文章，听他的课，简直是一种享受，无法比拟的享受。在中外众多学者中，能给我这种享受的，国外只有亨利希·吕德斯（Heinich Luidum），在国内只有陈师一人，他被海内外学人公推为

考证大师，是完全应该的，这种学风，同后来滋害流毒的“以论代史”的学风，相差不可以道里计。[①]

季羡林心底一直有朦胧的从事研究的渴望，但在本科必修课中始终没有找到路径。在陈寅恪先生的课上，终于有了“朝闻道”的豁然开朗。虽然他只是一个旁听生，在读书期间也从来没有专门向陈先生访问、请教过，但他终生敬仰陈寅恪师，后来进行佛教史、佛教梵语和中亚古代语言的研究，同陈寅恪先生的影响是分不开的。

其实，这一时期，季羡林确有在清华研究院继续深造的想法，觉得“想从事的事业”，“现在才开头，倘离开北平，就不容易继续下去”[②]。但因家庭经济困难，婶母不断催促他尽早工作的压力，使他最终放弃了这个念头。

季羡林大学四年属于德语专门化方向，他的

①季羡林：《回忆陈寅恪先生》，《季羡林全集》第3卷，北京：外语教学与研究出版社，2009年版，第44页。

②季羡林：《清华园日记》（1934年2月26日），《季羡林全集》第4卷，北京：外语教学与研究出版社，2009年版，第307页。

学士学位论文，选作的也是德语方向。受艾克教授的影响，他的学位论文选题确定为德国诗人荷尔德林研究。1934 年 3 月 27 日，他完成了学位论文的写作，题目是 *The Early Poems of Holderlin*（《论荷尔德林早期的诗》）。季羡林后来回忆说：

> 我当时的德文水平不可能真正看懂薛德林的并不容易懂的诗句。当然，要说一点儿都不懂，那也不是事实。反正是半懂半不懂，囫囵吞枣，参考了几部《德国文学史》，写成了这一篇论文，分数是 E（excellent，优）。我年轻时并不缺少幻想力，这是一篇幻想力加学术探讨写成的论文。本章的题目是“学术研究的发轫阶段”。如果这就算学术研究的话，说它是“发轫”，也未尝不可。但是，这个“轫”“发”得并不辉煌，里面并没有什么“天才的火花”。①

这篇德国文学研究的论文，也是用英文写作的。德语虽是他的专业，但一来听、说教学没有

①季羡林：《学海泛槎》，《季羡林全集》第 5 卷，北京：外语教学与研究出版社，2009 年版，第 212—213 页。

跟上，学的是哑巴德语，二来系里全英文教学，应用德语的机会还是不够，语言基础都不牢固，学术研究当然也只能如此了。不过，季羡林此时已经决心等待机会赴德深造，他在日记中写道："我想做几年事积几千块钱，非去一趟住三四年不成。我今自誓：倘今生不能到德国去，死不瞑目。"①

总的来说，季羡林本科阶段深受西方人文主义博雅教育熏陶，英文水平也有了质的提高。同时，他还选修学习了多门外语，包括德文、法文、俄文、希腊文、梵文等。虽然他对这些语种掌握的程度不同，有些只是浅尝辄止，但是清华西洋文学系这四年的学习积累，对他未来的学术视野、研究方法和志业选择都相当重要。尤其是通过学习陈寅恪、朱光潜两位先生的课，学术的精神已经潜移默化地融入他心灵的深处，像一颗种子深埋地下，静静等待；他日开花结果，亭亭如盖。

① 季羡林：《清华园日记》（1934 年 6 月 13 日），《季羡林全集》第 4 卷，北京：外语教学与研究出版社，2009 年版，第 344 页。

第五章
留学德国　异邦新知

1934 年秋天，季羡林从叔父手中接过家庭的重担，回到母校山东省立济南高中做了国文教员。校长宋还吾是北大毕业生，交友广泛，人称“宋江”，待季羡林也很热情。这里的月收入是一百六十块大洋，比高校里的助教收入还多一倍，待遇是令人满意的，但也有很多不如意之处。季羡林初出茅庐，也能感觉到同事之间关系微妙。例如全校三个年级，十二个班，四个国文教员，每人教三个班。其他三位教员都比季羡林年纪大、资历深，人家先来先占位，各自只教一个年级的三个班。那么就剩下了三个年级各一个班，交给季羡林来教。另外三位教员都是科班出身，教国文多少年了，几乎不备课也能倒诵如流。但是他们只教一个年级，内容反复讲给同一个年级的三个班就可以了。而季羡林教三个年级剩下的那个班，要同时备三个年级的课，心情的郁闷与别扭是显而易见的。他带着满脑子的荷马、但丁、莎士比亚和歌德，在这里拼命地备课，讲屈原、李白和杜甫。同事们在一年一聘定去留的激烈竞争中，都把别人看作是竞争对手，是抢自己"饭碗"的人，季羡林有自知之明，也不好向他们请教问题。

于是他自己摸索教学之道，当时高中的国文教学，学校和教育局都没有提出任何规范，全凭教员自己决定。季羡林就根据自己的兴趣，选择一些诗文作为教材，主要靠着一部《辞源》和过去读书的积累，给学生解释文中的典故和难解的词句。当时学校里流行的风气，就是老师一定要无所不知。学生以此要求教师，教师也以此自居。这样的风气下，学生未免挑剔苛刻，有时故意刁难，教员也决不承认自己会讲错，不知道也要装知道。季羡林刚刚还在大学里臧否自己的老师，转眼自己就成了教员，学生恐怕也是如此"检视"自己了。他当时只有二十三岁，班上有不少学生比他的年龄还要大好几岁，而且在家乡读私塾，国文功底不差。季羡林又得知在他之前的王姓国文教员，就是被学生们赶走的，知道这几个班的学生并不容易对付，自己不是科班出身，实在是如履薄冰，颇感这一百六十块大洋的工资也不是那么好挣的。他与学生相处之道，就是努力把书教好。讲解课文、批改作业，总是实事求是，既不过分严厉，也绝不讨好学生。

说到收入，济南消费不高，一个人每月的生活费也就六元左右。季羡林有了这样可观的收入，成了家里的顶梁柱，婶母脸上再也没有多年来那种难以形容的脸色了。不过，这样的回报婶母也没享受多久——婶母在这一年过世了。像他的母亲一样，在只有四十岁左右、尚未衰老的年纪，就离开了辛苦操劳的生活，离开了这个世界。这一时期，季羡林已经搬到学校去住，只在每个周日回一次家。

学校的大环境，也是表面风平浪静，暗地里波涛汹涌。不但派系林立，斗争激烈，而且每年重新下聘书，如果到了暑假还没有拿到下一学期的聘书，就得卷铺盖走人。因此教员们也是八仙过海，各显神通。季羡林常常听说，谁陪校长夫人打麻将了，谁给校长送礼了，谁请校长夫妇吃饭了。他也想如法炮制，可犹豫再三，还是觉得自己做不来这些事，只好怅然作罢。有一次，校长见到季羡林，随口说了一句："你很安静。"这看似无意的话，令他颇为纠结，既做不成派系斗争中的"猛将"，也不进行私人的攀交，在校长看来，自己简直如扶不起的"阿斗"。季羡林一时间觉得留学的梦想杳无踪影，手中的"饭碗"却飘忽欲飞。此种心情，实不足为外人道也。

季羡林就在这苦闷、飘忽的心绪里教了一年书。1935年，清华大学与德国学术交换处（DAAD）签订了交换研究生的协议："双方交换研究生，路费制装费自己出，食宿费相互付给：中国每月三十块大洋，德国一百二十马克。"① 当时的官费留学生一般是每月花费八百马克，而一百二十马克只能勉强支付食宿费用，所以这个交换生的条件并不理想。但是季羡林不想再等了，他立即写信报了名。凭借在清华主修德文，以及四年刻苦学习得到的优异成绩，他很容易就申请到了这个名

①季羡林：《季羡林自传》，北京：中国当代出版社，2008年版，第50页。

额。当然，这个申请交换生名额的“容易”，绝不是真的“容易”。当时的年轻教员，都希望能留学，但官费名额极其有限，往往欲进无门，没有什么办法。季羡林得到的这个“镀金”的机会，是他大学四年一日一日学习，一夜一夜用功积累而得，绝不是靠运气好而随便捞到手的。同校教员的羡慕之情溢于言表，也知道他回国以后，决不会再待在济南高中了。季羡林自己也飘飘欲仙，觉得积年愁云一扫而空，一生幸福一锤定音，仿佛整个世界都笼罩在玫瑰色的光泽中。不过狂喜之后，又要面对现实的压力。女儿婉如才两岁，妻子又刚刚生了儿子延宗，婶母过世，叔父又已经老了……没了自己这个经济上的顶梁柱，全家靠什么来维持生活呢？但出乎意料，这一次，叔父和全家都支持他出国深造：

> 当时封建科举的思想，仍然在社会上流行。人们把小学毕业看作秀才，高中毕业看作举人，大学毕业看作进士，而留洋镀金则是翰林一流。在人们眼中，我已经中了进士。古人说：没有场外的举人；现在则是场外的

进士。我眼看就要入场，焉能悬崖勒马呢？[1]

家人本着光耀门楣的传统思想，支持季羡林继续学习，他们相信只要坚持两年不饿死，坚持到季羡林回来，就能迎来全家的曙光。殊不知，这一去烽火流年，道路阻断，需要咬紧牙关坚持的日子，竟是六个两年。

既然确定留学，全家不得不筹措制装费和路费。因为到了德国以后，是不可能有余钱置办衣服的，只能在国内把衣服的问题解决掉。路费也是一笔不小的费用，当时并没有如今方便的国际直飞航班，而是要么走海路，往往要几个月的时间；要么走陆路，从东三省到苏联，通过西伯利亚铁路到达欧洲。这一路的车费、饭费和倒车间隙的住宿费都需要不少钱。季羡林拿出一年来积攒的薪水，又向朋友借了点钱，七拼八凑，勉强将长途旅行的钱物准备妥当。

1935 年 8 月 1 日，季羡林与家人告别，留下叔父、妻子和一双幼小的儿女，踏上漫漫异邦求

① 季羡林：《季羡林自传》，北京：中国当代出版社，2008 年版，第 50 页。

学之路。世道不太平，异邦之路万里长途，每一步都可能遭遇未知的凶险；留在济南的一家老小如何谋生糊口，也是前途未卜，一片茫然。季羡林怕掉下泪来，不敢回头，匆匆上了人力车，在家人的视线中越来越远，消失在街道的尽头。

季羡林要先到北平办理出国手续。回到清华园，正值暑假，学生大都离校回家了，偌大的校园非常安静。就在一年前，季羡林等一干青年学生，还常常聚在一起，或临风朗读，或月下抒怀，或沿荷塘漫步，不是扬扬得意高谈阔论，就是争得面红耳赤不亦乐乎。不过一年时光，独自回到水木清华，早已物是人非，人去楼空。万籁俱静中，方知青春原来不是一杯饮不尽的酒，逝者如斯，不舍昼夜。

季羡林在工字厅招待所租了一个床位。同屋的是一位比他高几级的清华老毕业生，已经在保险公司做了总经理。夜半对谈，学长苦口婆心地劝告季羡林，到德国后学保险。两年学业，回国之后“饭碗”妥妥的，决不成问题。这对上有老下有小的季羡林来说，当然是有诱惑力的。但是，如果平静地叩问内心深处那个真正的自己，季羡林却很清楚，他对做官、经商毫无兴趣，对发财也无追求。要追逐世俗的眼光和标准吗？要勉强自己做一个众人眼中的“成功者”吗？再看看自己清华的同窗好友们，林庚为什么从物理系转入中文系呢，李长之为什么从生物系转入哲学系呢，吴组缃为什么从经济系转入中文系呢？因为发现了真的兴趣方向，就不愿勉强自己再守着假的“职业饭碗”。如果人生只为了寻一个养家糊口的“饭碗”，哪怕是一只“金饭碗”，也是世俗的小快乐；只有寻得了真正施展自己天赋才华的志业，才能得内在的大欢喜。想清楚了这一点，季羡林便不再纠结，老学长的一片好意，只能心领了。

当时，北平还没有外国领事馆，要到天津去办理出国护照的签证。季羡林与乔冠华等同行的同学一起乘火车赴天津，到俄、德两个领事馆办理了签证手续。回到北平，林庚、李长之、王锦弟、张露薇等几个朋友在北海公园为他饯行。夏日荷花正盛，他们租了两只小船，碧叶红莲，蓝天白塔，尽情荡漾。每个人都兴高采烈，臧否人物，指点时政，意气风发，仿佛又回到了清华园时期那“粪土当年万户侯”的气概。大家玩了整整一天，尽欢而散。

1935 年 8 月 31 日，朋友们把季羡林送到前门火车站。五年前第一次来到北平，在前门火车站茫然四顾的情景还恍如昨日。如今，他又要从此地踏上新的异邦求学之路了。在登上火车的一刹那，他的脑海里忽然浮现出一句旧诗：

万里投荒第二人。①

这句诗应是根据近代文学家苏曼殊的朋友为他的画作《白马投荒图》的题诗所改。苏曼殊的《白马投荒图》以骑着白马去西天取经的玄奘自喻，朋友送他的题诗最后一句“白马投荒第二人”正点明了这一主题。青年季羡林想起这句诗，心中自然也是以去西天求取真经的玄奘法师自喻，决心去异邦求取学术新知，虽九死而犹未悔，他日学成，必定来归。只不过如今已不骑白马而改坐火车，所以将“白马投荒”改为“万里投荒”。

与季羡林同行的是另外两位清华的德国交换留学生乔冠华、敦福堂。另外还有三位去其他国

---

①季羡林：《留德十年》，《季羡林全集》第 4 卷，北京：外语教学与研究出版社，2009 年版，第 411 页。

家留学的清华学生也跟他们同行。一行六人不想选择海路，就要通过东三省进入苏联。当时日本在东三省建立了“满洲国”，火车到了山海关就要停下来，所有乘客下车办理入“满洲国”的手续。虽然只是填几张表格而已，但这种感觉是难以形容的。如果说四年前在北平卧轨、在南京请愿的青年学生凭的尽是一腔爱国的热血，那么如今可是实实在在感受到了被侵略的切肤之痛。填完表格，每人还必须交三块大洋的手续费。三块大洋是他半个月的饭费，这买路钱真是像从骨头上往下割肉一样疼啊。结果不但交了费，脸上还不敢流露出任何不满的表情，连说话也打起十二分的精神，相当小心谨慎。一行人再次上了火车，就有一个英俊和蔼的青年来到他们跟前，一直跟他们搭讪。直到在哈尔滨下车，看见这个住在他们上铺的朝鲜青年换了一身警服，他们才惊觉是遭遇了便衣警察的套话。也许是他们青年学生的模样看上去就太显眼，被认为有抗日的嫌疑，才被重点排查。多亏了他们一路上谨言慎行，没有被那位“睡在上铺的兄弟”抓到什么嫌疑和把柄，才没有遭遇逮捕或不测。

虚惊过后，季羡林才开始观察哈尔滨这座城市。第一个印象是，这座城市楼房高耸，街道宽敞，到处都能看到俄国人。十月革命后，俄国已经变成了苏联，这些俄国人都是逃出来的，贵族、平民皆有，生活水平也有天壤之别。按照惯例，季羡林一行人要在这里住几天，置办长途旅行在火车上吃的东西。大街上有许多俄国人开的商铺，食物供应俱全。可是，携带六个小伙子的长途食物，可不是件小工程，为什么不选择在火车的餐车买饭呢？

> 据过去的经验，餐车上的食品异常贵，而且只收美元。其指导思想是清楚的。苏联是无产阶级专政的国家，要“念念不忘阶级斗争”。外国人一般被视为资产阶级，是无产阶级的对立面；只要有机会，就必须与之“斗争”。餐费昂贵无非是斗争的方式。可惜我们这些“资产阶级”阮囊羞涩，实在付不出那样多的美元，于是，只好在哈尔滨的白俄食品店买食品了。①

---

①季羡林：《季羡林自传》，北京：中国当代出版社，2008 年版，第 56 页。

就这样，他们每人购买了几个很大很重的面包——俄语音译为大“裂巴”，加上一两个几乎同样粗大的香肠，再加上几斤干奶酪和黄油，配上几个罐头，共约四五十斤重，估摸着足够十天左右的长途火车之用。

1935年9月4日，六个中国学生满怀希望地登上了苏联经营的西伯利亚火车。车上的生活，每天吃喝拉撒睡，循环往复。吃东西不用再去操持，每人两个大篮子，饿了伸手拿出来就吃。但是喝水有点麻烦，因为车上不供应开水。每到一个大一点的车站，他们就要轮流手持铁壶，飞奔到车站上的开水供应处，打满开水再回到车上，分而喝之。青年人有这样的便利，老年人却没了办法。有一位同行的欧洲老妇人，已经满头银丝，自然无法抢时间下车打水。她每见这群青年有人提壶上车，就颤巍巍地走过来拿着杯子讨水喝，青年们当然也乐于帮忙。比喝水更难解决的是“拉撒”的问题。长途列车每节车厢有四五十人，只有两间厕所。大家每天很早就得起来排队。有时候自己觉得已经够早了，还是会发现已经排起了长龙。无奈赶紧排在队尾，望眼欲穿地看着前面干着急。

除开这些不方便，青年们也能找到无限乐趣。青年们阅世不深，但有的是旺盛的精力，经常挤在一起，谈天说地，无所顾忌。或者闲来无事下象棋打发时间。物理系的王竹溪是象棋高手，另外五个人，单个儿跟他下，一盘输，两盘输，三盘四盘又接二连三地输。后来干脆一哄而上，联合起来跟他下，依然是输，输，输。在方寸的棋盘间杀伐决断，展将帅之才，无论是哲学、心理学还是文学全不管用了，在车上的八九天中，五个人就没有胜过一局。

火车经过广漠的西伯利亚，在苏联的首都莫斯科经停一天，又到达苏联和波兰交界的斯托尔扑塞（Stolpce）。他们在那里换乘波兰的火车，经过首都华沙，在 17 日凌晨 4 点钟进入了德国境内。季羡林后来经常回忆起在波兰火车上用英文跟他们大方交谈的漂亮女孩 Wala，在中苏边境他们被仔细盘查时用英文暗示他不要冲动的中年旅客，在火车上颤颤巍巍向他们讨水喝的欧洲老妇人，在莫斯科花了二百美元请他们吃豪华大餐的清华校友谢子敦，甚至是哈尔滨旅馆门口目光深邃的白俄少年……旅行中总会发生一些事，遇到一些人，好像本来平行的不同世界突然交叉，可大多也只是擦肩而过，越去越远。萍水相逢，转瞬永别，也许只能偶尔忆起时，于心底温暖处问一声："朋友，你可还安好？"

经过十几天的长途旅行，季羡林等人终于在1935年9月17日早上8点到达柏林。清华的老同学赵九章等人到车站去迎接他们，并且轻车熟路，代为办理了一切手续。初到柏林，季羡林看着异域风格的建筑，飞驰而过的汽车电车，天空中交错的电线，"心里的感觉是异常复杂的，既有兴奋，又有好奇；既有兴会淋漓，又有忐忑不安。从当时不算太发达的中国，一下子来到这里，置身于高耸的楼房之中，漫步于宽敞的长街之上"，①感觉自己仿佛是落入大海的一滴水。他们能否留在柏林还不确定，因为具体留学的学校还要等德国学术交换处指派。现在首要的事情便是找房子安顿下来。在找房子的过程中，季羡林对德国人有了初步的了解，普通德国民众的简朴和整洁，

①季羡林：《留德十年》，《季羡林全集》第4卷，北京：外语教学与研究出版社，2009年版，第429页。

给他留下非常深刻的印象：

德国人是非常务实而又简朴的人民。他们不管是干什么的，一般说来，房子都十分宽敞，有卧室、起居室、客厅、厨房、厕所，有的还有一间客房。在这些房间之外，如果还有余房，则往往出租给外地的或外国的大学生，连待遇优厚的大学教授也不例外。出租的方式非常奇特，不是出租空房间，而是出租房间里的一切东西，桌椅沙发不在话下，连床上的被褥也包括在里面，租赁者不需要带任何行李，面巾、浴巾等等，都不需要。房间里的所有的服务工作，铺床叠被，给地板扫除打蜡，都由女主人包办。房客的皮鞋，睡觉前脱下来，放在房门外面，第二天一起床，女主人已经把鞋擦得闪光锃亮了。这些工作，教授夫人都要亲自动手，她们丝毫也没有什么下贱的感觉。德国人之爱清洁，闻名天下。女主人每天一个上午都在忙忙叨叨，擦这擦那，自己屋子里面不必说了，连外面的楼道，都天天打蜡；楼外的人行道，不但打扫，而且打上肥皂来洗刷。室内室外，楼内楼外，任何地方，都是洁无纤尘。①

在老同学们的帮助之下，季羡林在夏洛滕堡区的魏玛大街租了一间房子。第二件事就是过语言关。在清华学德语，虽然季羡林四年得了八个优秀，但只能读写，到现在还是张不开嘴。来到柏林，必须先补习德语口语。非常幸运，两个热心的朋友——远东协会的林德（Linde）和罗哈尔（Rochall）博士将他和乔冠华介绍到柏林大学的外国学院。在那里，他们见到校长，经过测试以后，参加了柏林大学外国留学生德语高级班的学习。从此，季羡林和乔冠华每天乘城内火车到柏林大学去上课。教授赫姆发音之清晰，讲解之透彻，令他受益匪浅。在9月20日的日记里，季羡林写道：

教授名Höhm，真讲得太好了，好到不能说。我是第一次听德文讲书，然而没有一句不能懂，并不是我的听的能力大，只是他

①季羡林：《留德十年》，《季羡林全集》第4卷，北京：外语教学与研究出版社，2009年版，第430页。

说得太清楚了。①

清华四年的德文课，教师都是讲英语，现在第一次听德语讲课，季羡林的兴奋之情溢于言表。觉得自己终于听到了地道的德语课。他凭着所学的“哑巴德语”而能迅速适应全德文授课，说明他只是缺乏口语听力方面的训练，德文基础并不差，这跟他大学四年所培养的扎实的德文原版图书阅读能力是分不开的。

和季羡林同在柏林大学德语班学习的乔冠华，是后来我国著名的外交家。乔冠华少有才学，过目成诵，16 岁即考入清华大学哲学系，比季羡林高两届。在清华，他经常腋下夹一册又厚又大的德文版《黑格尔全集》，昂首阔步，旁若无人，也是校园一景。两人作为同届交换生，到了柏林以后，共同上课、吃饭、访友、游玩、逛旧书铺，是非常谈得来的朋友。而对于当时很多中国留学生，他们皆觉得同自己格格不入，没有共同语言，很少来往。当时在柏林的中国留学生，人数是相

①季羡林：《留德十年》，《季羡林全集》第 4 卷，北京：外语教学与研究出版社，2009 年版，第 434 页。

当多的。因为当时流行出国“镀金”，而到德国留学，被认为是含金量很高的“镀金”，在中国社会上声誉卓著，最被认可，所以有条件的中国青年，都愿意到德国来。许多政府官员和有钱的商贾，无不有子女或亲属在德国。这些青年不愿去其他地方，几乎都聚集在柏林：

> 因为这里有吃，有喝，有玩，有乐，既不用上学听课，也用不着说德国话。有一部分留德学生，只需要四句简单的德语，就能够供几年之用。早晨起来，见到房东，说一声“早安!”就甩手离家，到一个中国饭馆里，洗脸，吃早点，然后打上几圈麻将，就到了吃午饭的时候。午饭后，相约出游。晚饭时回到饭馆。深夜回家，见到房东，说一声“晚安”，一天就过去了。再学上一句“谢谢!”加上一句“再见!”语言之功毕矣。①

季羡林的这段回忆，形象地记录了不学无术的留学生的日常生活。他们靠着祖荫，挥霍父母

①季羡林：《留德十年》，《季羡林全集》第4卷，北京：外语教学与研究出版社，2009年版，第435页。

的钱财，既不学习提高自己，也不能融入国外真正的社会氛围，只在留学生畸形的小圈子里混日子，空虚无聊地打发时间。季羡林有时看见他们无所事事地提着相机闲逛拍照，或是在中国餐馆稀里呼噜大声喝汤，碗筷杯盘乒乒乓乓，旁若无人地大谈吃、喝、玩、乐和女人；有时听说谁又发生了什么法律纠纷，惹上官司，或是邋遢得一塌糊涂惹恼房东再不肯租房给中国人。他为这些不争气的同胞而感到羞耻、愤怒，甚至曾动念头，要写一本《新留西外史》，让国人见识一下这些所谓的“留学生”镀的是什么金。后因在柏林停留短暂，季羡林放弃了自己的创作计划。不过，他在清华时的学长钱锺书，倒是在1940年代创作了小说《围城》。这部被称为“新儒林外史”的小说，恰是从归国海船上的一群中国留学生讲起。小说省略了他们在国外的留学生活，不过海船上的打麻将、吃醋、调情，回国后被揭穿的假文凭，以及混迹于教育界、知识界的种种荒诞故事，倒颇像是《新留西外史》的续集。两位西洋文学系的才子，读书时都眼高于顶，互不搭腔，想不到出国以后对中国留学生的态度倒是颇有同感，也算是一种知音。

柏林的中国留学生中自然也不乏季羡林、乔冠华这样认真学习的，但是大部分都不学无术，季羡林不愿与他们来往，也不喜欢柏林这个留学环境。一个多月很快过去，季羡林迅速过了语言关。德国学术交换处的相关负责人最初打算派他到东普鲁士的哥尼斯堡大学，德国最伟大的古典哲学家康德就在那里担任教授。这当然十分令人神往，但是季羡林觉得那里离柏林太远，自己人地生疏，不太愿意去。几经磋商，才改派到哥廷根大学。在这里，季羡林又一次站在了花园小径的岔路口，每一条岔路都会通向完全不同的未来。如果他选择了哥尼斯堡，那么人生道路就会截然不同——他就不会认识哥廷根大学的那些导师，也不会学习梵文与巴利文。去了哥尼斯堡或是别的大学的季羡林会是什么样子呢？也许只有在时间丛林的尽头，平行宇宙的视角下，才能看见了。

1935 年 10 月 31 日，已是深秋时节，季羡林到了哥廷根大学，开始了正式的学习生活。哥廷根是一个典型的大学城，这座只有十万人口的小城，流转读书的大学生差不多就有两三万人。哥

廷根大学创建于中世纪，有几百年的历史，是欧洲较为古老的大学之一。德国学术史和文学史上许多显赫的名字，都和它有关。用这些著名学者和文学家的名字命名的街道，遍布哥廷根小城。例如数学家约翰·高斯（Johann Gauss）、戴维·希尔伯特（David Hilbert），获得诺贝尔奖的化学家阿道夫·温道斯（Adolf Windaus），都曾在这里任教。此外，理科学科中的物理、天文、气象、地质等，教授阵容也极强大，其中不乏诺贝尔奖得主。在文科方面，这里是著名的哥廷根林苑派的发祥地，蜚声世界的童话作家格林兄弟（Grimm）也曾在这里工作。季羡林来到这里，没有了在柏林中国留学生群体中的嘈杂与纷乱，很快便喜欢上了这个安静的小城，沉浸在浓重的学术和文化气息中。

哥廷根是一座名副其实的大学城——共有五个学院：哲学院、理学院、法学院、神学院和医学院——没有一座统一的建筑，也没有一座统一的大楼。五个学院分布在小城的各个角落，研究所更是分散在许多大街小巷。学生宿舍更没有什么规模，绝大部分学生都是分住在本城居民的家中。季羡林也是租住在德国居民家中。他初到哥廷根，中国留学生乐森学长前来接站，并帮他联系了住房。季羡林的房东姓欧朴尔（Oppel），是一对老夫妇，有一个儿子在外地上大学，他们就将儿子的房间出租给了季羡林。男房东在市政府做工程师，话非常少，是一个典型的德国人。女房东受过中等教育，是一个家庭妇女，喜欢文学、古典音乐，但是完全不能接受新潮的爵士乐。

在这座安静的小城中，白天大街上的行人有一大部分是到各处上课的男女大学生，街道上熙熙攘攘，煞是热闹。不过，对季羡林来说，在这样一座面积不大但教学和行政部门遍布全城的大学城中穿行，就像是走进了迷宫，就连找到正确的行政部门和上课地点，都颇费周折。就在他希望能够有一个协助、引路的朋友出现的时候，这个人就出现了。经学长乐森介绍，季羡林认识了章用，经过几次短暂的交流，颇有一见如故、情投意合之感。于是，季羡林由章用陪着奔波全城，注册选课，办理手续。他在章用的协助、引导之下，到大学教务处，到研究所，到市政府，到医生家里，等等。季羡林很快搞清楚了哥廷根大学的布局，它的行政中心叫 Aula，楼下是教学和行政部门，楼上是哥廷根科学院。文法学科上课的地方则主要是大讲堂（Auditorium）和研究班大楼(Seminargebäude)。

初到哥廷根，季羡林就有意学习古代文字，希望自己在这比较长一点的安定的生活里，能“读点古代有过光荣而这光荣将永远不会消灭的文字”①。但究竟学习哪一种古文字，他自己并不清楚。在柏林时，朋友汪殿华曾劝他学习希腊文和拉丁文，认为这是当时中国所急需的。到了哥廷根以后，季羡林跟章用商量。章用已经在这里住了五六年，他告诉季羡林，在德国的中学里，要读八年拉丁文，六年希腊文。文科中学毕业的德国学生，个个精通这两种欧洲古典语言，我们中国的留学生完全无法同他们在这方面竞争。所以章用建议季羡林只读希腊文，如果兼读拉丁文，两年时间恐怕来不及。季羡林听从了章用的建议，第一学期选课，就以希腊文为主。在这里，季羡林充分体会到了德国大学的“绝对自由”：

---

①季羡林：《季羡林自传》，北京：中国当代出版社，2008 年版，第 69 页。

只要中学毕业，就可以愿意入哪个大学，就入哪个，不懂什么叫入学考试。入学以后，愿意入哪个系，就入哪个；愿意改系，随时可改；愿意选多少课，选什么课，悉听尊便；学文科的可以选医学、神学的课；也可以只选一门课，或者选十门、八门。上课时，愿意上就上，不愿意上就走；迟到早退，完全自由。从来没有课堂考试。有的课开课时需要教授签字，这叫开课前的报到（Anmeldung），学生就拿课程登记簿（Studienbuch）请教授签；有的在结束时还需要教授签字，这叫课程结束时的教授签字（Abmeldung）。此时，学生与教授可以说是没有多少关系。有的学生，初入大学时，一学年，或者甚至一学期换一个大学。经过几经转学，二三年以后，选中了自己满意的大学，满意的系科，这时才安定住下，同教授接触，请求参加他的研究班，经过一两个研究班，师生互相了解了，教授认为孺子可教，才给博士论文题目。再经过几年努力写作，教授满意了，就举行论文口试答辩，及格后，就能拿到博士

> 学位。在德国，是教授说了算，什么院长、校长、部长都无权干预教授的决定。如果一个学生不想做论文，决没有人强迫他。只要自己有钱，他可以十年八年地念下去。这就叫作“永恒的学生”（Ewiger Student），是一种全世界所无的稀有动物。①

就在这样一种绝对自由的气氛中，季羡林选修了一学期希腊文。为了练习和提高德语，他还选了多门课程，平均每天上课 6 小时左右。但是，希腊文的学习并不顺利，因为德国的学生在中学阶段都已经修习了六年希腊文，季羡林在清华修习的一点希腊文的底子在这里显得非常不够用。他的学习情绪时高时低，始终无法让自己坚定和平静下来。他在 1935 年 11 月 5 日的日记中写道：

> 上了课，Rabbow（拉博）的声音太低，我简直听不懂。他也不问我，如坐针毡，难过极了。下了课走回家来的时候，痛苦啃着我的心——我在 Göttingen（哥廷根）做的唯一的

① 季羡林：《留德十年》，《季羡林全集》第 4 卷，北京：外语教学与研究出版社，2009 年版，第 444 页。

美丽的梦，就是学希腊文，然而，照今天的样子看来，学希腊文又成了一种绝大的痛苦。我岂不将要一无所成了吗？①

这段时间，季羡林日记中这类对学习希腊文感到痛苦、动摇的记载还有多处，他还自学了一段时间的拉丁文，并且动过学古埃及文的念头。至于梵文，他在清华选修陈寅恪先生的课程时，就曾动过学习的念头。季羡林有一位在德国学冶金学的留学生朋友龙丕炎（范禹），曾选修过两个学期的梵文，他送了季羡林一本梵文语法。好友章用也鼓励他学习梵文。在徘徊踟蹰了一段时间之后，季羡林终于确定了学习梵文的志向。他在12月16日的日记中写道：

我又想到我终于非读Sanskrit（梵文）不行。中国文化受印度文化的影响太大了。我要对中印文化关系彻底研究一下，或能有所发明。在德国能把想学的几种文字学好，

①季羡林：《季羡林日记：留德岁月》第1卷，李小军，钱文忠，季承整理，南昌：江西人民出版社，2014年版，第110页。

> 也就不虚此行了。尤其是 Sanskrit（梵文），回国后再想学，不但没有那样的机会，也没有那样的人。[①]

第二天的日记，他又写道："我又想到 Sanskrit，我左想右想，觉得非学不行。"[②] 到了 1936 年 1 月，他又在日记中记录自己学习梵文的愿望，希望自己能够坚持下去，终有所成。

毕生要走的道路终于找到了，季羡林觉得心中的混沌云开雾散，霎时清明平静下来。这种找到一生志业的感觉，和混个专业文凭，将来找个饭碗谋生的感觉是完全不同的。当一个人将自己的全部信念都投入其中的时候，能够最大限度地发挥自己的天赋才华，兴致所致，不以物喜，不以己悲。他后来沿着这条路走了半个多世纪，在别人看来是辛苦单调的读书和学术之路，可对他

---

①季羡林：《季羡林日记：留德岁月》第 1 卷，李小军，钱文忠，季承整理，南昌：江西人民出版社，2014 年版，第 138—139 页。

②季羡林：《季羡林日记：留德岁月》第 1 卷，李小军，钱文忠，季承整理，南昌：江西人民出版社，2014 年版，第 139 页。

自己来说，又何尝不是沉浸其中，自得其乐呢？

1936年春季，哥廷根大学又开学了，季羡林也确定了学习梵文的志向。4月2日，他到高斯—韦伯楼东方研究所，上了第一节梵文课。数学家高斯和物理学家韦伯曾在这里试验他们发明的电报，高斯—韦伯楼因此得名并且名扬全球。这座古老的大楼，楼下是埃及学研究室，巴比伦、亚述、阿拉伯文研究室；楼上是斯拉夫语研究室，波斯、土耳其语研究室和梵文研究室。季羡林的第一节梵文课就在梵文研究室上，授课的是恩斯特·瓦尔德施米特（Ernst Waldschmidt）教授。哥廷根大学有着悠久的研究梵文和比较语言学的传统，历史上有不少蜚声学术界的学者，像弗朗茨·基尔霍恩（Franz Kielhorn）、海尔曼·奥尔登堡（Hermann Oldenberg）、艾密尔·西克（Emil Sieg），等等。1935年，西克教授退休，瓦尔德施米特教授接任。他是柏林大学梵学大师海因里希·吕德斯（Heinrich Lüders）的学生，是研究新疆出土的梵文佛典残卷的专家，虽然年轻，可已经在世界梵文学界颇有名声。季羡林意外发现，选修梵文课的只有他一个学生。不过瓦尔德施米

特教授并不在意，他仍然认真严肃地对着这一个留学生讲课，一直讲到 4 点才下课。这第一堂课，给季羡林留下了深刻的印象。从此，季羡林天天到这个研究所来上课、自修、查阅文献。每当他走过临街的那面墙，看到在镜框里贴着的三四十位德国梵文学者的照片，都会感叹德国梵学之盛，也更加坚定了要学好梵文的信念，为自己的志业选择而感到喜悦和骄傲。

就这样，季羡林的学习生活稳定下来，全力以赴地投入到梵文、巴利文的学习中。清华大学与德国学术交换处签订的交换生留学合同，学习期限是两年。季羡林最初也只打算在德国学习两年，但他还是做了参加博士考试的准备。根据德国的规定，考博士必须读三个系：一个主系，两个副系。季羡林的主系是梵文、巴利文等，即所谓印度学（Indologie）。要准备考博士，还要修两个副系。当时很多中国留学生为了取巧，都选择中国学作为副系。季羡林当年在国内立志留学时，已经立下大誓：他日出国留学，决不写有关中国的博士论文。他还记得鲁迅先生说过，有的中国留学生在国外用老子与庄子谋得了博士头衔，令洋人大吃一惊；然而回国后讲的却是康德、黑格尔。季羡林看不起这种博士，不愿意图省力选择汉学做副系。他要以中国人的身份，学习和研究他国的学问，获得博士学位，这才是中国留学生学术实力的证明。说到这里，不得不插一句，季羡林清华时期的学长钱锺书，也在小说《围城》中，调侃过在里昂研究法国文学，却做了一篇《中国十八家白话诗人》的博士学位论文的苏文纨小姐，讽刺的意味非常明显。这两位未曾搭过话的同学，看来在这个问题上又是英雄所见略同了。当然，钱锺书 1937 年在牛津大学获得 B · Litt 学位的论文《十七、十八世纪英国文学里的中国》，毕竟还是跟“中国”有关的，属于典型的比较文学的论文选题；而季羡林却是发誓绝不到海外学中国学，也不肯以跟“中国”相关的论文换取“洋文凭”。

这样，在副系的选择中，汉学就第一个被“pass 掉”了。季羡林在英国语言学、德国语言学、阿拉伯语言学等几个方向犹豫了一段时间之后，最后选定了英国语言学与斯拉夫语言学。在斯拉夫语言学方向中，按照要求，不能只学一门

俄文，因此他又加学了南斯拉夫文。

从此，季羡林的专业格局已定，他开始了规律而平静的学习生活。他每天早晨在房东家里吃早点：小面包、牛奶、黄油、干奶酪，配以一壶红茶；然后到梵文研究所上课，或自修；中午就在外面饭馆里吃；午饭后回到研究所继续学习，从来不午休；下午也是或上课，或自修；晚上 6 点回家。因为季羡林不习惯德国人晚上只吃面包、香肠，所以房东太太把他们中午吃的热饭菜留一份给季羡林作为晚餐。他的主系是梵文和巴利文。梵文是世界上已知的语言中，语法最复杂的古代语言。它形态变化之丰富，语法规则之烦琐，词汇量之大，简直到了匪夷所思的程度。季羡林初学梵文，也感到非常困难：

> 教授对梵文非常复杂的连声规律根本不加讲解。教科书上的阳性名词变化规律他也不讲。一下子就读起书后面附上的练习来。这些练习都是一句句的话，是从印度梵文典籍中选出来的。梵文基本上是一种死文字，不像学习现代语言那样一开始先学习一些同生活有关的简单的句子：什么“我吃饭”“我

睡觉”等等。梵文练习题里面的句子多少都脱离现代实际，理解起来颇不容易。教授要我读练习句子，字母有些还面生可疑，语法概念更是一点也没有。读得结结巴巴，译得莫名其妙，急得头上冒汗，心中发火。下了课以后，就拼命预习。一句只有五六个字的练习，要查连声、查语法，往往要做一两个小时。准备两小时的课，往往要用上一两天的时间。我自己觉得，个人的主观能动性真正是充分调动起来了。过了一段时间，自己也逐渐适应了这种学习方法。头上的汗越出越少了，心里的火越发越小了。我尝到了甜头。①

瓦尔德施米特教授的教学方法，比较接近现在所谓的“翻转课堂”式教学。只在第一堂课教了梵文字母，第二堂课就让学生从课后练习开始读句子。至于句子的读音、语法、意思，全靠学生课前自学。曾有人做过比喻，这种学习法好比学生站在泳池边，老师一把将学生推下水，如果

① 季羡林：《遥远的怀念》，《季羡林全集》第2卷，北京：外语教学与研究出版社，2009年版，第93页。

没有淹死，游泳也就学会了。季羡林一开始当然适应不了这种“溺水”式的教学方法，也不免心头火起，满是抱怨。但他没有放弃，也没有“被水淹死”。他暗下决心，不但要“学会游泳”，还一定要跳过这个龙门。在一对一的师生教学中，季羡林充分发挥自学的能动性，终于适应了这一学习方式，并且得益于此，在第一学期仅仅八十小时左右的课时里，他学完了全部梵文语法，完成了近乎“不可能的任务”。

巴利语（pali）是古代印度的一种大众语言，是中古印度雅利安语的分支，与梵语属同一语系，有不少同形语汇。据说佛祖就是用这种语言布道，宣讲佛法的，弟子们也用这种语言记录了他的佛经教义。巴利语在公元 14 世纪左右逐渐不再使用，但是巴利文依靠佛经保存了下来。季羡林要研读佛经，必须精通梵文和巴利文两种语言。

第一学期，瓦尔德施米特教授讲完了梵文语法。第二学期就开始学习梵文原著，如《那罗传》《云使》等。《那罗传》是印度史诗《摩诃婆罗多》中的一篇，讲述尼奢陀国国王那罗因得罪恶神而夫妻分离、输掉国家，通过不懈的努力终于夫妻团聚、赢回江山的故事。《云使》是古印度诗人迦梨陀娑的长篇抒情诗，写了夜叉小神因犯错被流放南方，托北去的云雨给娇妻传信，述说缠绵思念、渴望团聚的故事。从第五学期起，季羡林进入真正的Seminar（讨论班），读中国新疆吐鲁番出土的梵文佛经贝叶经残卷。瓦尔德施米特教授是这方面研究的权威，他的博士学位论文和取得教授资格的论文代表作都是关于贝叶经的研究。一直以扎实严谨自居的季羡林，在研读导师的论文时，也不禁对德国学者的治学态度感到震惊：

> 两本厚厚的大书，里边的材料异常丰富，处理材料的方式极端细致严谨。一张张的图表，一行行的统计数字，看上去令人眼花缭乱，令人头脑昏眩。我一向虽然不能算是一个马大哈，但是也从没有想到写科学研究论文竟然必须这样琐细。两部大书好几百页，竟然没有一个错字，连标点符号，还有那些稀奇古怪的特写字母或符号，也都是个个确实无误，这实在不能不令人感到吃惊。德国人一向以彻底性自诩，我的教授忠诚地保留了德国的优良传统，留给我的印象让我终生

难忘，终生受用不尽。[①]

实际上，哥廷根是非常理想的学习梵文的地方。不但相关研究积淀深厚，大学图书馆也是历史悠久，藏书丰富，号称“梵文藏书甲德国”。研究所还有一个小图书馆，藏书不到一万册，但却有一套上百册的德国和世界各国梵文学者寄给奥尔登堡教授的论文汇集，分门别类，装订成册，是梵文学习和研究的珍贵文献。如果初学者自己去搜集，那是无论如何也不会这样齐全的，因为有的杂志非常冷僻，到很多大图书馆都不一定能查到。

---

①季羡林：《遥远的怀念》，《季羡林全集》第 2 卷，北京：外语教学与研究出版社，2009 年版，第 94—95 页。

第六章 烽火流年　日夜归心

在紧张学习之余，每到周日，季羡林常到哥廷根小城外的山下一片叫作“席勒草坪”的绿草地去散步。季羡林同当时住在哥廷根的几个中国留学生——龙丕炎、田德望、王子昌、黄席棠、卢寿枬等，经常不约而同地在那里会面：

> 这片草地终年绿草如茵，周围古木参天，东面靠山，山上也是树木繁茂，大森林长宽各几十里。山中颇有一些名胜，比如俾斯麦塔，高踞山巅，登临一望，全城尽收眼底。此外还有几处咖啡馆和饭店。我们在席勒草坪会面以后，有时也到山中去游逛，午饭就在山中吃。见到中国人，能说中国话，真觉

得其乐无穷。往往是在闲谈笑话中忘记了时间的流逝。等到注意到时间时，已是暝色四合，月出于东山之上了。①

这里的中国留学生，虽然只有几人，却和柏林那些不学无术的中国学生不同。在这安静的小城里，他们大多勤勉务实，互相帮忙，让季羡林感受到了友情的温暖。

不过，在所有中国留学生中，他最为交好的还是章用。章用，字俊之，出身世家大族，书香名门。他是“老虎总长”章士钊的次子，外祖父是在朝鲜统兵抗日的吴长庆，母亲吴弱男曾做过孙中山的秘书。这样一位有着显赫背景的青年，却同季羡林在柏林见到的那些“衙内”完全不同，一点纨绔子弟的习气也没有。在季羡林看来，章用是典型的书生：他家学渊源，对中国古典文献有湛深造诣，能写古文，作旧诗。但他喜爱数学，于是来到哥廷根这个世界数学中心攻读博士学位。孤芳自赏的才子气质，使他不怎么和哥廷根的中

---

①季羡林：《留德十年》，《季羡林全集》第4卷，北京：外语教学与研究出版社，2009年版，第452页。

国留学生来往。老母吴弱男陪他住在这里，已经住了五六年。季羡林与章用一见如故，频繁出入章家，与章伯母也很快熟识。有一次章伯母对他说："你来了以后，章用简直像变了一个人。他平常是绝对不去拜访人的，现在一到你家，就老是不回来。"①

他们二人经常相约到城外小山的林中漫步。每次季羡林找章用去散步，他都立刻答应，而且在非常仓皇的情形下穿鞋穿衣服，仿佛穿慢了，季羡林就会逃掉似的。关于二人无数次美妙的林中漫步，季羡林后来回忆说：

> 林子里这样静，我们甚至能听到叶子辞树的声音。倘若我们站下来，叶子也就会飘落到我们身上。等到我们理会到的时候，我们的头上肩上已经满是落叶了。间或前面树丛里影子似的一闪，是一匹被我们惊走的小鹿，接着我们就会听到窸窣的干叶声，渐远，渐远，终于消逝到无边的寂静里去。谁又会

①参见季羡林：《季羡林自传》，北京：中国当代出版社，2008年版，第71页。

想到，我们竟在这异域的小城里亲身体会到“叶干闻鹿行”的境界？①

季羡林和章用两人在一起，简直有说不完的话。他们谈哲学，谈宗教，转来转去，总要谈到中国的旧诗上去。章用很有中国古典文学根底，作旧诗更是经过名师指点。季羡林自幼好学、博览群书，对于旧诗词和很多古代诗人也都有自己的看法。二人每每在山中谈得意趣盎然，忘记了时间，忘记了世界，也忘记了自己。直到桦树的白皮涂上了淡红的夕阳，才惊觉过了下山时间；待到二人走回小城，早已是满天星辉了。

有一次，章用在一个傍晚，去季羡林家。一进门，他的手就向衣袋里摸，摸出来一个黄色的信封递给季羡林。里面装了一张硬纸片，上面工整地写着一首诗：

空谷足音一识君，
相期诗伯苦相薰。
体裁新旧同尝试，

---

①季羡林：《忆章用》，《季羡林全集》第 1 卷，北京：外语教学与研究出版社，2009 年版，第 99—100 页。

胎息中西沐见闻。
胸宿赋才徕物与，
气嘘史笔发清芬。
千金敝帚孰轻重，
后世凭猜定小文。①

所谓高山流水，千古知音难觅，中国古代文人是非常重视知己之情的。他们经常以诗赠友，彼此唱和，诗作往往感情真挚、动人。章用的这首赠诗既是他文人才子气的一种表现，也是他颇为看重季羡林这个知己的真情流露。他自言到德国后，先是拼命补习德文，后来入了大学，又治数学同哲学，总没有余裕和兴致来写诗；但自从季羡林来了以后，他的诗兴仿佛又开始汹涌起来，这是连他自己都没想到的。如章用这般临水照花、孤芳自赏的才子，只有一个真正惺惺相惜的朋友，才让他变成了那个更好的自己。

季羡林和章用照例互访、闲谈、相约林中漫步，读章用作的旧诗。两人在海外都不学汉学专

① 季羡林：《忆章用》，《季羡林全集》第 1 卷，北京：外语教学与研究出版社，2009 年版，第 103 页。

业，却常常聚在一处，在旧体诗词方面指点江山，纵横捭阖。时间像一杯饮不尽的醇酒，当时只道是寻常。转眼到了 1937 年，章家国内的地租出了问题，无力供给分别在德、英、意三个国家留学的孩子的读书和生活费用。章用不得不计划启程回国：

> 俊之启程的日子也决定了。在前一天的晚上，我们替他饯行，一直到深夜才走出市政府的地下餐厅。我同他并肩走在最前面。他平常就不大喜欢说话，今天更不说了，我们只是沉默着走上去，听自己的步履声在深夜的小巷里回响，终于在沉默里分了手。我不知道他怎么样，我是一夜在床上翻来覆去地睡不着。①

章用走后，季羡林常常帮忙照应章伯母。直到帮她退房子，收拾东西，办护照，买车船票，将老太太也送走。章用一家在哥廷根长达六七年的生活，就此结束了。章用在德国苦读六七年，

---

①季羡林：《忆章用》，《季羡林全集》第 1 卷，北京：外语教学与研究出版社，2009 年版，第 104 页。

最终没能再回德国来，也没有取得博士学位。回国后，他在抗战中颠沛流离，先后在几个大学任教，肺病缠身。他将仅有一年多交谊的季羡林，视为唯一的知己——烽火连天中，仍然书信不断；却动如参商，再无机会相见。最后，章用将全部诗稿寄给了远在异国的季羡林，不久在香港病故。

人的一生，会有很多朋友，可能视为知音的却并不多。季羡林一直认为，世界上大多数都是看上去差不多的角色，只能平稳地活着、死去，对人类对世界没有什么影响；而真正的大学问、大事业往往是被视为怪人和呆子的人做出来的。一直立志做大学问的青年季羡林，便也颇有些孤傲的性格，在普通人看来，未尝不是难于交往的“怪人”。纵观他在清华园时期的日记，对诸多同学都有微词，谈得来的朋友并不多，即便是对交往最多的李长之，也有诸多不满与看不惯。事实上，季羡林一生都颇有些曲高和寡的孤独意味，能真正被他视之为师、为友的人并不多。章用跟他的交往只有短短的一年多，直到临别还互相客气地称作“先生”，就算是朋友仿佛也还显得生疏了些，但他却是季羡林一生极少数引为知音的人。

他像“一颗夏夜的流星”，匆匆划过季羡林“生命的夜空”，却留下了永久的痕迹：

> 哥廷根仍然同以前一样地美，街仍然是那样长，阳光仍然是那样亮。我每天按时走过这长长的街到研究所去，晚上再回来。以前我还希望，俊之回来的时候，我们还可以逍遥在长街上高谈阔论；但现在这希望永远只是希望了。我一个人拖了一条影子走来走去：走过一个咖啡馆，我回忆到我曾同他在这里喝过咖啡消磨了许多寂寞的时光；再向前走几步是一个饭馆，我又回忆到，我曾同他每天在这里吃午饭，吃完再一同慢慢地走回家去；再走几步是一个书店，我回忆到，我有时候呆子似的在这里站上半天看玻璃窗子里面的书，肩头上蓦地落上了一只温暖的手，一回头是俊之，他也正来看书窗子；再向前走几步是一个女子高中，我又回忆到，他曾领我来这里听诗人念诗，听完在深夜里走回家，看雨珠在树枝上珠子似的闪光——就这样，每一个地方都能引起我的回忆，甚至看到一块石头，也会想到，我同俊之一同

在上面踏过；看了一枝小花，也会回忆到，我同他一同看过。然而他现在却撒手离开这个世界走了，把寂寞留给我。①

直到很多年后，季羡林在撰写回忆录的时候，仍然详细地记录了这位知己，慨叹茫茫人世，芸芸众生，还知道俊之，还会想到俊之的人，恐怕只有自己一个了。于是，章用与他的诗，永远留在了季羡林的回忆录中，也以另外一种方式，永远活在了历史中。季羡林与章用之间，短暂而充满遗憾的友谊，因为懂得，所以心中永远温暖。

1937 年，章用一家走后，季羡林的交换期也满了，再也拿不到每月一百二十马克的助学金，按照约定，应该结束学业回国。然而，国内七七事变爆发，山东济南很快就被日军占领，季羡林有家却归不得。再说，他此前一直没有放松攻读博士学位的准备，所以两相权衡，放弃了回国的打算。他想，虽然领不到助学金，但既然身在德国总会有办法，比如申请洪堡基金等等。就在这

---

①季羡林：《忆章用》，《季羡林全集》第 1 卷，北京：外语教学与研究出版社，2009 年版，第 105—106 页。

时，主持哥廷根大学汉学研究所的G·哈隆(G·Haloun）教授，主动邀请他担任汉学研究所讲师，继续留在德国。经过哈隆教授的推荐，季羡林被聘为哥廷根大学汉语讲师，每月工资为一百五十马克。虽然薪水微薄，但当他的开课通知书赫然贴在大学教务处开课通知栏中，供全校上万名学生选课的时候，季羡林心中还是颇为激动的。季羡林在哥廷根大学执教的几年里，选学汉语的学生非常少，整个汉学研究所也处于边缘地位，但稳定的讲师生活，给季羡林继续攻读博士学位解决了后顾之忧。他后来回忆说，1939年二战爆发之后，邮路梗阻，中国的钱寄不出来，很多原本生活优越的留学生都陷入困顿，狼狈不堪。只有季羡林每月到大学财务处去领工资。这区区一百五十马克，是固若金汤的经济支持，让他在最困难的战争岁月里能够完成学业，拿到博士学位。所有这一切，都要感谢哈隆教授。

哥廷根大学图书馆并不收藏汉文书籍，全靠汉学研究所自己的藏书。哈隆教授在研究之余，一直致力于图书资料的建设。季羡林任教期间，曾替他写过一些信给北京琉璃厂的书店，还有东四馀堂等书店，从中国购买图书。季羡林还曾从国内订购虎皮宣纸及笔、墨。将每一本书的书名用宣纸写好，再贴到书脊上。因为中国木版印刷的旧书往往用蓝色的包皮装裹起来，外面看不到书的名字，对读者来说很不方便。经过季羡林的改装，不但让读者一看就知道是什么书，而且“几个大书架上，仿佛飞满了黄色的蝴蝶，顿使不太明亮的大书库里也充满了盎然的生气”①。此后每有客人前来参观，哈隆教授都会骄傲地介绍一番。

1938年，哈隆教授得到了英国剑桥大学的邀请，任汉语讲座教授。他邀请季羡林一同前往剑桥，并为季羡林在那里谋得了一个汉学讲师职位。季羡林仿佛又置身于那个花园的小径分岔路口，每个岔路都会通向不同的未来。如果踏上那条通往剑桥的岔路，会是怎样的未来呢？不过，已经坚定了人生志业的季羡林这一次没有犹豫，剑桥的教职，固然是可遇而不可求的，但自己的博士论文还没有完成，不能为了中文讲师的职位而中断自己的博士学业，志业的追求永远大于养家糊

①季羡林：《追忆哈隆教授》，《季羡林全集》第3卷，北京：外语教学与研究出版社，2009年版，第401页。

口的“金饭碗”，这一点他已经没有疑问。于是，他谢绝了哈隆教授的美意，带着祝福为他饯行。临别之际，哈隆教授坐在那里，半天没有言语，最后动情地说：“我在哥廷根十几年，没有交一个德国朋友，在去英国之前，还是两个中国朋友来给我饯行。”① 说罢，不禁泪湿衣襟。哥廷根一别，哈隆教授携家奔赴英伦，季羡林此后再也没有见过他。

这两年，德国的政治环境已经有点“山雨欲来风满楼”的感觉。希特勒上台之后，在德国的支持率非常高。曾有一个季羡林认识的美丽女孩，对他脱口而出：“如果我能同希特勒生一个孩子，是我莫大的光荣!”德国人之间的问候语，也不再是我们熟悉的“早安”“日安”“晚安”，而是变成了向元首致敬的“希特勒万岁”。这种近乎丧失自我的疯狂的偶像崇拜，让季羡林非常震惊。他只能以沉默应对，不再跟德国人谈论政治话题。1939 年 9 月 1 日，德军入侵波兰，第二次世界大战爆发。战火蔓延欧洲，德军节节胜利。1940 年

①季羡林：《追忆哈隆教授》，《季羡林全集》第 3 卷，北京：外语教学与研究出版社，2009 年版，第 403 页。

5 月，德军绕过法国的马其诺防线，把近四十万英法联军围逼在法国北部的狭小地带，5 月 26 日—6 月 4 日，联军在法国东北部靠近比利时的敦刻尔克小港口，依靠各种自发的或有计划的军民船只，共撤退了三十三万五千人，史称敦刻尔克大撤退。6 月 14 日，德军占领巴黎。西欧除英国、瑞士和西班牙以外的主要地区，皆落入德国之手。

在最初的几年里，战争的暴风雨并没有波及季羡林所在的哥廷根小城。几年来，他已经习惯了以沉默面对德国的政治气氛。1941 年 6 月 22 日，早晨起来，他听见女房东说，德国同苏联已经开了火。他前两天已经同两个德国朋友约好去郊游，于是照常出门。三人乘车坐船，又在林中步行了几十公里，唱歌，拉手风琴，野餐，尽欢而归。仿佛早晨德苏宣战的消息，完全是生活中无足轻重的小事。这一天，他在日记中写道："这一着早就料到，却没想到这样快。"①

季羡林以平静的学习和日常生活对抗战争的巨大洪流带来的压力。他身在德国，不便发表任

① 季羡林：《季羡林自传》，北京：中国当代出版社，2008 年版，第 82 页。

何政治看法，表面上若无其事，内在的焦虑和痛苦却可想而知。每当德军胜利的“特别广播”播出的时候，他就极度紧张。有时，一早上八个特别广播，他不得不用双手堵住耳朵，心里数着一、二、三、四……盼望广播早点结束。他在1941年6月30日的日记里写道：“住下去，恐怕不久就会进疯人院。”① 正是这一时期，他患上了重度失眠症，晚上需要吃加倍的安眠药才能勉强入睡。

虽然战争的形势严峻，并且精神上倍感苦闷，可学业仍然要照常进行。二战爆发后不久，他的导师就应征参军，离开了哥廷根。幸好第四学期结束的时候，导师瓦尔德施密特已经同季羡林商量过博士论文的选题，最后定为研究《大事》（Mahāvastu）偈陀部分的动词变化。佛典《大事》是用“混合梵文”写成的，既非梵文，也非巴利文，更不是一般俗语，是一种杂凑起来的语言。《大事》的研究，对印度佛教史、印度语言发展史都有重要的学术意义，也具有挑战性。季羡林从此就在上课、教课之余，利用一切可利用的时间，

---

①季羡林：《季羡林自传》，北京：中国当代出版社，2008年版，第83页。

读法国学者塞纳校订的厚厚三大册《大事》。他将所有动词形式都做成卡片，一边摸索规律，一边查阅大量文献、资料，待导师短暂休假回来时，再跟他交流。

季羡林最初认为，应该给博士论文写上一篇有分量的长篇绪论，说明“混合梵语”的来龙去脉和《大事》的一些情况，这样论文才显得有气派、上档次。他阅读了大量各种语言的论文，做笔记、写提纲，花了一年多的时间，写了一篇长篇绪论。文章颇费了一番心血，分析源流，标列题目，自我感觉良好，就趁着导师休假交给他看。结果打开导师返回的论文，竟然一笔没改，只在开头和结尾处各加上了半边“括号”。他那洋洋洒洒的长篇绪论，就这样被导师用一个括号，“坚决、彻底、干净、全部”地消灭掉了。导师对他说：

> 你的文章费劲很大，引书不少，但是都是别人的意见，根本没有你自己的创见。看上去面面俱到，实际上毫无价值。你重复别人的话，又不完整准确。如果有人对你的文章进行挑剔，从任何地方都能对你加以抨击，

> 而且我相信你根本无力还手。因此，我建议，把绪论统统删掉。在对限定动词进行分析以前，只写上几句说明就行了。[①]

这一席话说得季羡林天旋地转，心潮翻滚。自己一年多的心血被导师一言毙掉，他竟哑口无言，发现自己无法反驳。这是季羡林第一次写较大规模的学术论文，也是学术研究上第一次重大的打击。经过一段时间的平复和调整，季羡林摆正心态，接受了学术道路上这重要的一课：没有创见就不要写文章，即使有创见也不要下笔千言、离题万里。他开始收起从前令自己得意的各种“神来之笔”，再也不追求表面的文章气派了。这种学术态度，对他一生的治学影响深远。

博士论文是学位考试至关重要的一环。德国大学对论文要求十分严格，题目一般都不大，但必须有创新才能通过。有的中国留学生在德国待了六七年，始终拿不到学位，并非写不出洋洋洒洒的十几万字，关键就在于论文研究的创新性不

---

①季羡林：《遥远的怀念》，《季羡林全集》第 2 卷，北京：外语教学与研究出版社，2009 年版，第 97 页。

足。季羡林拿出滴水穿石的精神，夜以继日地写作，到了1940年秋天，论文基本写好了。按照要求，提交论文要用打字机打成清稿。季羡林既没有打字机，也不会打字，所以请迈耶（Meyer）家的大女儿伊姆加德（Irmgard）帮忙录入论文。迈耶一家是与房东欧朴尔住在同一条街上的邻居，因为中国留学生田德望租住在这里，一家人都与季羡林熟识。1940年的秋天，季羡林天天晚上到迈耶家去。因为梵文字母由拉丁文转写，符号很多，穿靴戴帽，他必须坐在伊姆加德小姐旁边，才不致出错。9月13日，论文打完。经导师瓦尔德施米特教授同意，10月9日，季羡林将论文提交给文学院院长戴希格雷贝尔（Deichgräber）教授，等待安排口试。因为英文教授勒德尔（Roeder）生病住院，1940年12月23日，进行了梵文、巴利文和斯拉夫语言学两门口试，英文以后再补。在这一天的日记中，季羡林写道：

> 早晨5点就醒来，心里只是想到口试，再也睡不着。7点起来，吃过早点，又胡乱看了一阵书，心里极慌。
>
> 9点半到大学办公处去，走在路上，像

> 待决的囚徒。10 点多开始口试，Prof. Waldschmidt（瓦尔德施米特教授）先问，只有 Prof. Deichgräber（戴希格雷贝尔教授）坐在旁边。Prof. Braun（布劳恩教授）随后才去。主科进行得异常顺利，但当 Prof. Braun 开始问的时候，他让我预备的全没问到，我心里大慌，他的问题极简单，简直都是常识，但我还不能思维，颇呈慌张之相。
>
> 12 点下来，心里极难过。此时，及格不及格倒不成问题了。①

季羡林觉得自己考试考了一辈子，没想到最后一次考试，竟会这样慌张。尤其是自己的论文获得几位教授很高的评价，口试表现反而不佳，实在令人沮丧。不过，他很快得知，自己的论文、印度学、斯拉夫语言学三门成绩都得了优秀。到了 1941 年 2 月 19 日，勒德尔教授病愈出院，季羡林补试了英国语言学口试，终于以全优的成绩，

---

①季羡林：《季羡林日记：留德岁月》第 1 卷，李小军，钱文忠，季承整理，南昌：江西人民出版社，2014 年版，第 1137 页。

通过了博士考试。

季羡林的博士论文，在国际语言学界引起了广泛的关注。例如，比较语言学家克劳泽（Krause）就认为，论文中关于动词语尾 matha 的论述是一个重要的发现。因为在古希腊文中有类似的语尾，这种偶合对研究印欧语系比较语言学，有着突破性的意义。季羡林后来也一直认为，“中国学术要发展，必须能直接与西方一流学者相抗衡。有些人在国人面前大谈希腊、罗马和苏格拉底，而在洋人面前讲《周易》，谈老庄。这不算什么本事。真有本事，就应去和西方学者争论他们的学问，与国人讨论中国的学术”。[①] 他初到德国就发誓绝不以中国学拿学位，要直接与西方学者的学术研究对话，现在多年的夙愿终于实现了。

除了攻读博士学位，季羡林这一时期还有另一收获，就是机缘之下，学习了吐火罗文。在瓦尔德施密特教授从军之后，已经退休的西克教授，回来代替他上课。第一次上课，他就对季羡林郑重宣布，要把自己毕生最专长的学问，统统地毫

①参见少山：《中国解读佉卢文的第一人》，《瞭望周刊》，1990 年第 32 期。

无保留地全部传授：一个是《梨俱吠陀》，一个是印度古典语法《大疏》，一个是《十王子传》，最后是吐火罗文。对此，季羡林既欣喜，又苦恼。欣喜的是西克教授认真严谨，虽已八十岁高龄，却绝不敷衍自己这位来自中国的留学生。苦恼的是自己主副系共三个，除了梵文、巴利文外，还要选修英国语言学和斯拉夫语言学的课程，学习俄文和南斯拉夫文，同时还要撰写博士论文并在汉学研究所任讲师。他虽然一生对语言感兴趣，但并不认为自己是学习语言的天才。如此繁多的学习、研究和工作内容，已经让他超负荷运转，得了严重的神经衰弱症。他时时警告自己，摊子已经铺得够大，决不能再扩大了。可当季羡林看到西克教授眼中的热情与期待，他决心“舍命陪君子”，咬牙啃下这又一块硬骨头。

吐火罗语残卷是20世纪初由德国探险队在新疆发现的，后来运往柏林。当时德国学者无法解读这些残片上的文字，就由柏林大学组织一批年轻学者，主要是梵文研究者进行研究。西克教授便是其中之一。如何破译这如天书一般的古文字残卷，对语言学家们来说也是未知的，至于要读通读懂这种文字，甚至可能要耗尽一个人毕生的精力。美国华裔科幻作家特德·姜的著名科幻小说《你一生的故事》，因改编为好莱坞电影《降临》而为大家熟知。其中最重要的一个情节，就是语言学家如何破译外星人的语言、文字，最终实现交流，而这也是最基本的且绝大多数科幻作品都避过的问题。如果再联想到如今网络上铺天盖地的各种穿越小说、异世界玄幻小说，别说各地区的语言与文字根本与今天不同，就是汉语的上古、中古发音与今天也是大不一样。那些动辄穿越古今无所不能的通俗小说主人公们，真到了古代，肯定是一张嘴就露馅。这样说来，要穿越到稀奇古怪的异世界，还是先拿个语言学博士头衔傍身，才好行走江湖、出头露脸。

回过头来再说这些古文字残片，很多研究者后来都对这“天书”望而却步了。西克教授和另一位西克灵教授却沉浸其中，自得其乐。他们合作了三十多年，把一生的黄金时间和精力都投入其中，终于破译了这门古代中亚语言，并定名为“吐火罗文”。这期间，他们发表了多篇震惊语言学学术界的著作和论文。并且与另外一位学者

W·舒尔策（W. Schulze）合作，三人共同著成吐火罗语语法，奠定了这一新发现的语言的研究基础。

似水流年，转眼间西克教授已是垂暮之年。他对吐火罗文的研究热情不减，这是他一生的志业追求。现在，他要把毕生所学教给季羡林这个中国学生，以另一种方式，让这些出土于中国的记录了古代荣光的文字，再回到中国。这又何尝不是冥冥之中的缘分呢？季羡林与另一位慕名而来的研究赫梯文字的比利时学者沃尔特·古勿勒（Walter Couvreur）一起，在西克教授的指导下学习吐火罗文，学习方法仍然是德式“溺水自学法”。只是这一回，西克教授连语法也不讲，直接从吐火罗文残卷《福力太子因缘经》原文读起：

> 我们自己在下面翻读文法，查索引，译生词；到了课堂上，我同古勿勒轮流译成德文，西克加以纠正。这工作是异常艰苦的。原文残卷残缺不全，没有一页是完整的，连一行完整的都没有，虽然是“精制品”，也只是相对而言，这里缺几个字，那里缺几个音节。不补足就抠不出意思，而补足也只能是

以意为之，不一定有很大的把握。结果是西克先生讲的多，我们讲的少。读贝叶残卷，补足所缺的单词儿或者音节，一整套作法，我就是在吐火罗文课堂上学到的。我学习的兴趣日益浓烈，每周两次上课，我不但不以为苦，有时候甚至有望穿秋水之感了。①

这可真是人谓之孤苦，我甘之如饴。季羡林沉浸在古代语言文字的汪洋中，真是活出了“子非鱼焉知鱼之乐”的状态。在师生共同努力下，季羡林终于又学通了一门古代语言，虽然他回国以后因为没有资料，对吐火罗文的研究中断了30年。但是当1975年新疆吐鲁番出土了吐火罗文甲种焉耆文《弥勒会见记》戏剧残卷之后，他从20世纪80年代又开始了破译和研究工作。从前吐火罗文出土在中国，可是研究却在外国；因为有了季羡林，吐火罗文的研究终于可以回到中国本土。那些记录着古代荣光的文字，沉睡于地下，仿佛在静静等待着有缘人，跨过时间的长河，使其重

①季羡林：《留德十年》，《季羡林全集》第4卷，北京：外语教学与研究出版社，2009年版，第499页。

见天日，大放异彩。

1941年，已经取得博士学位的季羡林，非常惦记祖国的亲人，一直考虑回国问题。西克教授眼含热泪、万分挽留。他答应代为设法谋求固定职位，并向校长申请津贴，希望季羡林无论如何不要走，留在德国继续学术研究。面对这样一位像父亲一样为自己操心的老人，季羡林犹豫了。到了1942年，德国政府承认汪精卫主持的伪南京政府，国民党政府的公使馆被迫撤离到中立国瑞士。季羡林几经考虑，还是决定离开德国，取道瑞士再设法回国。到了柏林以后季羡林才知道，战时去瑞士并非易事。即便到了那里，能否回国也是未知数。此时战争已经持续了三年。季羡林在柏林住了一段时间，顺便访问朋友、拜访相关学者。1942年10月30日，他又回到了哥廷根小城。

房东欧朴尔太太见到季羡林喜出望外，她的儿子结婚后住在另外一个城市里，季羡林是七年来身边唯一的亲人。此前，男房东已因心脏病发作去世。在欧朴尔先生发病时，是季羡林深夜跑到大街上去叩门找医生，回家后又陪伴欧朴尔太太守着老人尸体的。他决定离开德国时，欧朴尔太太忍不住失声痛哭，她差不多已经将季羡林当作儿子来看待了。现在失而复得，真是意外之喜。

季羡林又恢复了这七年来规律的学术生活。每天在家里吃过早点，就到高斯—韦伯楼的梵文研究所去。他熟悉所经过的每一条街道，每一座房子，每一棵树，即使闭上眼睛，也决不会走错了路。在梵文研究所，他一直工作到中午。照例在外面饭馆吃完饭后再回到研究所。但是，一到周日，孤独就如影随形。他仍然习惯清晨就到席勒草坪去。那里风光如故，面貌未改，仍然是绿树四合，芳草含翠。但是，章用、田德望等当年每周必碰头的几个中国朋友，如今都已天各一方，只剩季羡林在此独坐。

德国政府承认了中国的汪伪政府之后，在德中国留学生护照到了期，居留就成了问题：到哪里去请求延长呢？这个护照算是哪一个国家的使馆签发的呢？这是一个事关重大非解决不可的问题。季羡林同几个还留在哥廷根的中国留学生商议之后，决意到警察局去宣布自己为无国籍者。这在国际法上是被允许的。所谓“无国籍者”，就是对任何国家都没有任何义务，但同时也不受任

何国家的保护。这实是无奈之举，也是海外留学生的一份赤子之心。季羡林曾比喻说：“从此我们就变成了像天空中的飞鸟一样的人，看上去非常自由自在，然而任何人都能伤害它。”①

这时，季羡林拿了博士学位，已经不再是学生。他办了退学手续，专任汉学研究所教员了。教学之余，主要精力用于读书和研究上。他继续钻研佛教混合梵语，沿着博士论文的选题继续拓展。研究所对面就是大学图书馆，季羡林发现，自己需要的大量的有时甚至极为稀奇古怪的参考书，这里几乎都有，真是一个理想的学习和研究梵文的环境。在博士后的五年内，他又写了几篇相当长的论文，刊登在《哥廷根科学院院刊》上。他后来不无自豪地回忆说，这些论文每一篇都有新的创见，直到已经过了将近半个世纪，还不断有人引用。这是他毕生学术研究的黄金时期，从那以后，再没有过了。

季羡林在德国一住又是三年。据说在柏林，最初英美苏的飞机在柏林上空投掷炸弹，只能炸

---

①季羡林：《季羡林自传》，北京：中国当代出版社，2008 年版，第 87 页。

坏高层楼房的最上一二层，下面炸不透，地下室变成了天然的防空洞。可是到战争后期，投掷的炸弹十几层楼也抵挡不住。炸弹能够由楼顶穿透到地下室，然后爆炸。整个二战，见证了世界科技的飞速进步，也见证了人类一边进步一边自我毁灭的荒诞悖论。哥廷根小城，在大城市已经反复被地毯式轰炸之后，也受到了轰炸。这里没有一个像样的防空洞。一有警报，大家还是习惯性地往地下室里钻。后来天天有飞机来，大家只好一早就带上重要物品，到山林中去躲警报。同轰炸同样可怕的是饥饿。大概从 1937 年开始，德国已经逐渐实行食品配给制度。到了战争后期，饥饿已经席卷了整个德国。例如季羡林的男房东欧朴尔先生，在战前原本体质偏胖；到死的时候，体重已经轻了二三十公斤，非常瘦了。季羡林在几年间终日饥肠辘辘，如坠入“饿鬼地狱”般，常常饿得头昏眼花。

说来奇怪，季羡林这三年近乎刻板单调的学术生活，就发生在烽烟四起、战火纷飞的二战最焦灼的时期，伴随着家书不通，道路阻隔，伴随着饥饿、轰炸、失眠……也许这些记录了古代荣

光的文字，真的有别样的魔力，让人沉浸在另一个世界里，以极为平静的、极为规律的生活，抵抗现世的所有危险与烦恼。

1945年4月8日，季羡林和很多普通民众躲在防空洞中，听着外面的炮火。过了一会儿，就看到溃散的德国士兵，一片混乱。又隔了很久，外面突然安静下来。接着，美国坦克开进了这座小城。防空洞中更加混乱了，大家不敢出去，怕美国士兵开枪。结果是季羡林和一位德国女士小心地走出来，找到一个美国兵，告诉他这里的情况之后，大家才敢陆续走出来。哥廷根解放了。

4月30日，希特勒自杀身亡。很快，苏军攻破柏林，战争结束了。大战爆发以后，有几年的时间，大学里的男生几乎都被征从军，哥廷根大学几乎变成了一所女子大学。季羡林的导师瓦尔德施密特教授唯一的儿子，也被征兵并且很快战死沙场。战争结束了，从前方源源不断送回来大量的德国伤兵，一部分就来到了哥廷根。这时候，在大街上奔走于全城各研究所之间的，除了女生以外，就是因伤残拄着双拐或单拐、甚至坐着轮椅的伤残大学生。在上课的大楼中，在洁净明亮的走廊上，风过回廊，拐杖触地的清脆声处处可闻，让人听了心中百感交集，欲哭无泪。战争虽结束了，可对普通人来说，满目疮痍的现实和永久的伤痛，并不能像桌子上的灰尘，用抹布一抹，就了无痕迹。

烽火连三月，家书抵万金。此时，季羡林和家里早因战火断了书信往来。不知国内抗战的情况怎么样了？由于日本是德国的盟国，所以季羡林无从获知国内抗战的真实消息。叔父年事已高，家里的经济来源靠什么呢？妻子德华是家庭妇女，无力出来工作，带着两个孩子，日子是怎样过的？叔父续弦的婶母能操持好这个家吗？这一切都让他魂牵梦萦，既担心又想念。连家里那条名叫“憨子”的小狗，也成为季羡林思念的对象。他想起在国内时，每次从北京回家，一进门就听到汪汪的吠声；但一看到进门的是自己，“憨子”便立即摇起尾巴，表示欢迎。当年举家借债，答应咬牙挺过两年苦日子，送季羡林赴德留学。谁知从最初两年交换生计划，到如今已经十年过去了。季羡林知道，无论如何，这一次他必须走了：

中国古代俗语说：千里凉棚，没有不散

> 的筵席。人的一生就是这个样子。当年佛祖规定，浮屠不三宿桑下。害怕和尚在一棵桑树下连住三宿，就会产生留恋之情。这对和尚的修行不利。我在哥廷根住了不是三宿，而是三宿的一千二百倍。留恋之情，焉能免掉？好在我是一个俗人，从来也没有想当和尚，不想修仙学道，不想涅槃，西天无分，东土有根。留恋就让它留恋吧！但是留恋毕竟是有限期的。我是一个有国有家有父母有妻子的人，是我要走的时候了。①

几经打听，他和同行的朋友张维到这一地区的首府汉诺威（Hannover），去办理瑞士的入境签证。汉诺威这座历史文化名城，因是地区首府而遭遇了相当严重的轰炸，已经是断壁残垣，一片废墟，马路两旁高楼断壁之下的地下室外、垃圾堆旁，总是摆满了花圈。最初的震惊后，他们了解到，因为自信托大，德国没有修建有效的防空洞，居民们最初都是在地下室里躲避空袭。但是

---

①季羡林：《留德十年》，《季羡林全集》第4卷，北京：外语教学与研究出版社，2009年版，第535页。

随着英美飞机炸弹威力的不断增强，炸弹开始能炸穿整座楼并在地下室爆炸，结果可想而知；更可怕的是，炸弹炸塌了楼房，将活人埋在地下室里。人们往往花上很长时间，才能掘出亲友的尸体下葬。待到饥肠辘辘、轰炸频繁的时期，更多的人面对如山的瓦砾残垣，已经有心无力了，也许自己也将葬身于别的什么地下室，不知他日由谁人来葬。战争之残酷，对人性和人心的极度摧残与戕害，非亲身经历者不可体会。战后满街的花圈，堆积在坍塌的地下室边，令汉诺威仿佛变为一个巨大的墓地，永远刻在季羡林的脑海中。

汉诺威一行并不顺利，因为没有瑞士方面的邀请和批准，办事处的职员拒绝给他们发瑞士签证。再次回到哥廷根，季羡林并没有放弃努力。他通过军政府，申请搭车去瑞士，终于定下了行程。归期既定，对于哥廷根小城，则只剩惜别：

> 这里的每一座建筑、每一条街，甚至一草一木，十年来和我同甘共苦，共同度过了将近四千个日日夜夜。我本来就喜欢它们的，现在一旦要离别，更觉得它们可亲可爱了。哥廷根是个小城，全城每一个角落似乎都留

> 下了我的足迹，我仿佛踩过每一粒石头子，不知道有多少商店我曾出出进进过。看到街上的每一个人都似曾相识。古城墙上高大的橡树、席勒草坪中芊绵的绿草、俾斯麦塔高耸入云的尖顶、大森林中惊逃的小鹿、初春从雪中探头出来的雪钟、晚秋群山顶上斑烂的红叶，等等，这许许多多纷然杂陈的东西，无不牵动我的情思。①

1945年10月6日，季羡林依依惜别了几位恩师、将自己视为儿子的女房东，还有为自己录入博士论文、一直爱慕着自己的邻居伊姆加德小姐，带着无限的留恋与怅惘，登上了军政府派来的吉普车，离开了第二故乡哥廷根。

此情可待成追忆，只是当时已惘然。

①季羡林：《留德十年》，《季羡林全集》第4卷，北京：外语教学与研究出版社，2009年版，第540页。

第七章
红楼春草　燕园秋霜

季羡林归心似箭，本以为此行会一帆风顺，没想到归国之路仍是困难重重。先是因为没有签证入境成了问题，通过交涉才得以进入。在瑞士联系到中国使馆后，季羡林一行人住了几个月，于 1946 年 2 月 2 日离开，取道法国、越南、香港，终于在 1946 年 5 月 19 日，乘船抵达上海。他 24 岁出国留学，弹指一挥间，如今已经 35 岁了。面对阔别近 11 年的祖国，他在日记中写道：

上海，这真是中国地方了。自己去国十一年，以前自己还想象再见祖国时的心情。现在真正地见了，但觉得异常陌生，一点温热的感觉都没有。难道是自己变了么？还是

祖国变了呢？①

都道是“客树回看成故乡”，季羡林熟悉哥廷根的一草一木，祖国却成了陌生之地。这种感觉对留学生来说恐怕是人之常情。钱锺书的小说《围城》，也写到主人公方鸿渐初下海船时的这种感受：“下船不过六七个钟点，可是船上的一切已如隔世。上岸时的兴奋，都蒸发了，觉得懦弱、渺小，职业不容易找，恋爱不容易成就。理想中的留学回国，好像地面的水，化气升上天空，又变雨回到地面，一世的人都望着、说着。现在万里回乡，祖国的人海里，泡沫也没起一个……”②

此时，国内的情形确实不太乐观。解放战争已经打响，仍旧是烽烟四起，道路阻断，时局紧张，生活不易。季羡林无法穿过战区回到故乡济南看望亲人。在德国时他醉心于学术，也没有什么积蓄，只有一块从瑞士带回来的欧米伽金表，

①季羡林：《留德十年》，《季羡林全集》第 4 卷，北京：外语教学与研究出版社，2009 年版，第 573 页。

②钱锺书：《围城》，《围城　人·鬼·兽》，北京：生活·读书·新知三联书店，2009 年版，第 43 页。

现在囊中羞涩，无家可回，连旅馆也住不起。他将金表卖了十两黄金，把一部分钱设法汇给远在济南的家里，剩下的钱作为自己这段时间在南京和上海的生活费。在南京，他暂时投奔清华时的同学李长之，晚上就睡在李长之工作的国立编译馆的办公桌上；在上海，就寄住在好友诗人臧克家的报馆宿舍里，从德国带回的满满六大箱书籍，将小小的宿舍挤得满满的。一寸光阴一寸金，而自己连一张哪怕最简陋的书桌都没有，读书、查阅资料和科研就更谈不上了。早已习惯过学术生活的季羡林，为了尽可能少地影响朋友们的生活，白天只能出来四处游荡。他苦恼这样虚度光阴，简直是浪费生命。这一年的中秋节，季羡林还是无法跟家人团聚。他生平第一次喝得酩酊大醉，就睡在臧克家家里的榻榻米上。

当然，命运之神总是会垂青真正有准备的人。季羡林可不是小说《围城》中买了假文凭回国混日子的方鸿渐。十年苦读，他掌握了多门语言文字，撰写了多篇在国际上颇有影响的学术论文，又获得了货真价实的印度学博士学位。在相关研究领域，他无疑可以独当一面了。他写信将自己十年来的成绩汇报给清华时期的老师陈寅恪先生。看过季羡林的学术成果之后，陈寅恪将他介绍给北大校长胡适、北大代理校长傅斯年和文学院院长汤用彤，推荐他到北大任教。

1946 年秋天，眼看就到开学的日子了，交通依然中断。季羡林打听到山海关至北京的铁路尚能通车，就从上海乘船北上，先到秦皇岛，再转火车，终于到达北京。阴法鲁等老朋友到车站接站。汽车经过长安街时，天色已晚，秋风卷残叶，路灯明灭。想到当年自己“万里投荒”的壮志，如今学成归来，已是“落叶满长安”。这句唐诗中说的“长安”，当然是“长安城”，也就是今天的“西安”。不过季羡林心中的“长安”，是北京的长安街。这天晚上，他终于来到了北京大学。

当时的北京大学，在东城区沙滩一代，季羡林就被安排在著名的北大红楼三层暂住下来。1930 年，他在这里“赶考”，同时考取了北大、清华两所学校。十六年倏忽而过，逝者如斯，不舍昼夜。过去的种种，在脑海中层层涌现；未来等待自己的，又会是怎样的生活呢？

按当时北大的规定：在国外获得博士学位回

国的，只能任副教授，至少要工作几年，根据教书成绩和学术水平，再来确定是否能升为正教授。季羡林就以副教授的职称办理了入职手续。第二天，他与文学院院长汤用彤会面。汤用彤以佛学研究著称，其著作的《汉魏两晋南北朝佛教史》，集义理、辞章、考据于一体，学术声誉极高。一个星期后，汤用彤告诉季羡林，学校决定聘他为正教授，兼文学院东方语言文学系的系主任。季羡林既觉欣喜，又有些惶恐：自己只做了一个礼拜的副教授，可说是破了副教授升教授的最短时间纪录；学校的这个决定，是对自己学术成就的赞赏和肯定，当然更是对自己今后学术研究的激励。

当时的东方语言文学系，除了系主任季羡林之外，还有原来就在北大工作的王森，从云南大学调过来的马坚，比季羡林稍晚到北大的金克木，以及马学良和于道泉。学生的人数比教师还少。季羡林的梵文班，有三个学生。他就用自己在德国学到的教学方法教授学生梵文。学生必须在上课前将课文仔细预习一遍，尽可能把它读通。到了课堂上，季羡林首先提问学生，让学生来讲解课文。第一位讲得不对，或不全对，就借着提问第二位、第三位……然后再根据学生预习的程度，把课文从头到尾讲一遍。讲完课，他再让学生向自己提问，直到学生提不出问题为止。最初蒙文、藏文和阿拉伯文专业，一个学生也没有，在十多平方米的系主任办公室召开全系大会都绰绰有余了。后来经过协调，从北京达成师范学校转来十多个阿拉伯语专修班的学生，才进一步壮大了东语系的规模。当时北大还没有阿拉伯文打字机，连印刷讲义都十分不便。教阿拉伯语的马坚教授除了备课、上课之外，还要自己手刻蜡板，油印讲义。就在这样的环境下，东语系的教授与学生们，共同走过了最初的岁月。

当时，文学院中任何形式的会都没有，学校也差不多。学校实行教授治校，只有一个教授会，不过更多是给大家提供见面闲聊的机会。季羡林“政务”清闲，无为而治，生活安顿下来之后，急需解决的还是学术研究方面的问题。他的博士学位是印度学。在这个领域里，他的兴趣主要在印度古代及中世佛典梵文上，特别是在“混合梵文”方面。这样的研究工作需要大量专业的原始文献、专著和杂志，但是当时国内的梵文文献资料与德国哥廷根大学的文献不能相比：

> 在哥廷根十年，我写论文用了上千种专著和杂志，只有一次哥廷根缺书而不得不向普鲁士国家图书馆去借，可见其收藏之富。反观我国，虽然典籍之富甲天下，然而，谈到印度学的书刊，则几乎是一片沙漠。这个问题，我在离开欧洲时已经想到了。我的所谓“思想斗争”就是围绕着这个问题而开始萌动的。①

季羡林所做的混合梵文的学术研究工作，既不是写诗，也不是写小说，只要有灵感就行，语言学研究是需要大量文献资料作为基础的，而在当时来说，只有欧洲有这个条件。当他提出回国时，德国的几位恩师苦苦挽留，也是希望他能够在欧洲继续研究。他就像哈姆雷特一样，在“走，还是不走”的问题上几番犹豫，最后想出了一个折中的方案：先接受哈隆先生介绍的英国剑桥大学的聘约，然后回国把家庭问题处理妥善，再返回欧洲，继续之前的学术研究。可是，回国之后，

①季羡林：《学海泛槎》，《季羡林全集》第5卷，北京：外语教学与研究出版社，2009年版，第267页。

尤其是1947年他辗转回到济南老家，看到了家中的经济情况，比自己预想的还要糟糕得多。在“金饭碗”和人生志业面前，他可以毫不犹豫地选择后者。然而整个家庭为了自己的学业付出的牺牲太大了，为人子、为人夫、为人父的责任，必须承担起来。他立即忍痛决定，不再返回欧洲。于是写信给哈隆教授，辞掉了剑桥大学的聘请。

决定安心留在北京大学之后，就是如何将研究进行下去的问题。他检视北大图书馆的文献藏书，发现自己专业领域的馆藏非常之少。全国第一大图书馆北京图书馆相对好一些，但除了并不完整的巴利文藏经和寥寥几本梵文书外，其他重要的梵文典籍也没有收藏。燕京大学图书馆相对注意收藏东方典籍，可惜这情况季羡林是1952年院系调整后才知道的。即使燕大收藏的印度古代典籍稍多，但是同欧洲和日本的图书馆藏书比较起来，仍不可同日而语。在这样的情况下，季羡林最心爱的印度古代混合梵文研究，已经永远地留在欧洲，渺如海上三山，可望而不可即了。新的对象在哪里呢？他必须考虑两个条件：一个是不能离开印度，一个是国内现成的资料够充足。

离开了印度，则自己十年所学都成了无用之物；资料不够充足，研究仍会困难重重。他发现自己又站在了分岔路口：归国之后的一段时间里，都在反复犹豫和考量自己今后的研究方向。这一时期，他做了一些翻译工作，翻译了马克思关于印度的几篇论文，翻译了德国女作家安娜·西格斯的短篇小说。他还翻译了恩格斯用英文写成的《英国工人阶级状况》，后来收入《马克思恩格斯全集》中。但是这些工作都不是他真正兴趣之所在，他还是对古代印度语言的研究恋恋难舍，可惜此时纵有一身武艺，却无用武之地。

季羡林记起，在哥廷根大学汉学研究所图书室阅书时，因为兴趣，他曾随手从《大藏经》中，从那一大套笔记丛刊中，抄录了一些有关中印关系史和德国人称之为“比较文学史”的资料卡片。当时他还并没有想毕生从事中印关系史和比较文学史的研究工作，只是下意识觉得这件工作也是十分有意义的，是非常值得去做的。现在，这套抄录的资料让季羡林眼前一亮：

> 尽管中国图书馆中关于印度和比较文学史的书籍极为匮乏，但是中国典籍则浩瀚无

> 量。倘若研究中印文化关系史和比较文学史，至少中国这一边的资料是取之不尽、用之不竭的，而且这个课题至少还同印度沾边，不致十年负笈，前功尽弃。我反复思考，掂斤播两，觉得这真是一个极为灵妙的主意。虽然我心中始终没有忘记印度古代语言的研究，但目前也只能顺应时势，有多大碗吃多少饭了。
>
> 我终于找到了学术上的出路。①

就这样，季羡林告别了心爱的古代印度语言研究，确定了中印关系史和比较文学史的研究方向。既然道路明朗，就可以如象棋中的过河卒子，不再犹豫，勇往直前了。

这一时期，学校专门在图书馆给季羡林配了一间研究室。他可以从书库中把所需要的一部分书籍文献提出来，放在这间研究室中。这样做，对他的研究工作来说，是极大的方便。1946 年至 1949 年这四年时间，季羡林在中印文化交流和比较文学方面，发表了《从比较文学的观点上看寓

①季羡林：《学海泛槎》，《季羡林全集》第 5 卷，北京：外语教学与研究出版社，2009 年版，第 271 页。

言和童话》《柳宗元〈黔之驴〉取材来源考》《“猫名”寓言的演变》《佛教对于宋代理学影响之一例》《列子与佛典》《三国两晋南北朝正史与印度传说》《浮屠与佛》等近十篇学术论文。

《列子与佛典》[①] 考证了《列子》成书时间的问题。《列子》是一部伪造的书，但具体伪造的时间和伪造的人，在那时却并没有被深入研究。季羡林在《列子》和竺法护译的《生经》中都找到了《国王五人经》的故事。而《生经》翻译的时间是确定的，在西晋太康六年。因此《列子》的成书不会早于这一年。胡适曾致信季羡林，说“《生经》一证，确凿之至。”

《三国两晋南北朝正史与印度传说》[②] 讨论了魏晋南北朝的正史中许多有为帝王的异相与佛教影响的关系。我们都知道，《三国演义》这部小说中的刘备“两耳垂肩，双手过膝”，这是一个开国英主不能不具备的与普通人不同的贵相。可是现

①参见季羡林：《学海泛槎》，《季羡林全集》第 5 卷，北京：外语教学与研究出版社，2009 年版，第 276 页。

②参见季羡林：《学海泛槎》，《季羡林全集》第 5 卷，北京：外语教学与研究出版社，2009 年版，第 281—282 页。

实中哪里会有这样的人呢?《三国演义》是小说，描写夸张可以理解，但是季羡林发现，在许多正史里也有类似的情况——《三国志·魏书·明帝纪》《三国志·蜀书·先主纪》《晋书·武帝纪》《陈书·高祖纪》《陈书·宣帝纪》《三国志·魏书·太祖纪》《北齐书·神武纪》《周书·文帝纪》等，都有类似记载。而这一段历史时期，正是印度佛教汹涌澎湃地向中国传入的时期，找影响来源，会首先想到印度。印度佛教认为，释迦牟尼不是常人，而是一个“大人物”。他身体上有三十二“相”，八十种“好”，“相”和“好”都指的是特异之处。按照《翻译名义大集》的顺序，第一相为“首具肉髻相”，第十八相为“正立不屈手过去（膝）相”；第六十八“好”为“耳厚修长”，等等。由此可见，刘备身上那两个特异之处，都受印度佛典的影响。

《浮屠与佛》① 是针对当时学术界争论的“浮屠”与“佛”两个词汇谁先谁后的问题撰写的论文。中国过去一般认为 Buddha 的音译是“浮屠”

---

①参见季羡林：《学海泛槎》，《季羡林全集》第 5 卷，北京：外语教学与研究出版社，2009 年版，第 277 页。

"佛陀"，而"佛"字只是"佛陀"的省略。但是在中国古代汉译佛典中，"佛"字先出，"佛陀"则后出，因而前者不可能是后者的省略。经季羡林考证，"佛"字首先出自吐火罗文的 pät，因为中国的佛教最初不是从印度传来的，而是通过月支的媒介。季羡林在德国学习了几年的吐火罗文，在国内却因没有语言资料不得不中断，没想到在这里又派上了用场。可见学术之道，纵横阡陌，积累越丰富眼界就会越开阔；反之，局限于极窄的领域，就不容易见人所未见。这篇论文经陈寅恪先生推荐，发表在当时学术界最高水平的刊物，中央研究院历史语言研究所第 20 期的集刊上，引起学术界较大反响。他还用这种比较语言学的思路，突破了中国音韵学的领域，从梵文字母的音译问题，考证了中国古音的一些演变规律。语言学家罗常培称赞他"考证严谨，对斯学至有贡献"。

为了研究方便，文学院院长汤用彤还特别指派了自己的研究生马理来做助研，帮季羡林整理书籍和资料。马理是已故北大中文系主任马裕藻教授的女儿，北大校花马珏的妹妹，姐妹俩都非常漂亮。在接触过程中，马理爱上了季羡林。这个大胆坦率的北大才女，先是托季羡林的朋友阴法鲁教授向季羡林提亲，阴法鲁推辞了；马理索性自己找到季羡林，坦白爱慕之情，不顾季羡林在山东老家已有妻儿，要与他结婚。[①] 季羡林回忆说，当时很多人留学归来，都是先找工作，再找对象——与原配夫人离婚另娶。但是他总觉得，糟糠之妻不下堂，这种时代潮流对于在老家含辛茹苦带大孩子的原配夫人来说，太过残忍。而且叔婶与妻子德华在这十二年里相互扶持，也绝不会同意自己离婚。季羡林婉拒了马理，就像几年前在德国告别了美丽的邻居伊姆加德一样。他心中一直觉得对不起这些女孩子。她们是如此年轻、漂亮，又都是和自己在共同的学术工作中产生爱慕之情的，如果说对自己没有吸引力，或是自己内心没有震动和波澜，那是说谎。然而妻子彭德华虽然多年未见，连封信都不会写，但一直在穷困潦倒的生活中伺候公婆，照顾孩子，如今已经四十出头，如果苦苦等来的是自己的一纸离婚书，今后该怎么办呢？季羡林做不出来这样的事。

---

①参见季羡林口述、蔡德贵整理：《季羡林口述人生》，北京：外语与教学研究出版社，2010年版，第112页。

1947年暑假，季羡林决定排除万难回家探亲。当时战争继续，交通仍然阻断。他想办法花钱搭乘一艘运输轮胎的货运飞机，终于回到济南。他第一次见到了素未谋面的婶母陈韶泽。季羡林在济南中学教书期间，第一位婶母已经过世，叔父打算续弦的时候，季羡林并不十分赞成，而且很快就赴京津办理出国手续，并未参加婚礼。如今回家才知道，叔父失业，家中经常没有经济来源，全靠这位年轻的婶母一人支持。婶母摆过烟摊，到小市上去卖过衣服家具，在日军刺刀下去领过混合面，骑着马到济南南乡里去勘查田地，充当地牙子，赚点钱贴补家用。她还靠自己幼时所学的中医知识，给人看病。叔父年长之后，脾气暴烈，越发乖戾，极难侍奉。她以“少妻”的身份，对付极难侍奉的“老夫”。更让季羡林感动的是，在这万分艰苦的情况下，她没让自己的一双儿女失学，把他们抚养成人。女儿婉如在1951年考取天津大学土木工程系，后来成为高级工程师；儿子季承（原名延宗）考入北京俄文专修学校，后来做了科研管理工作。季羡林回到北京后，写了一封信称赞婶母是“老季家的功臣”，对这位第一次见面的婶母充满了敬重与感激。

转眼到了 1949 年，解放战争终于结束了。10 月 1 日，东语系师生随同北京大学的队伍，齐聚天安门前，聆听了开国大典的礼炮，见证了历史性的一刻。季羡林和北大的众多师生一样，心情振奋，迎接新时代的到来。在此前一两年，也有一些他所敬重的师友，如胡适、梁实秋等，离开大陆，选择去了台湾。对于这一点，季羡林在 20 世纪 80 年代的回忆文章中说：

> 在那极“左”的时代，有人把这一件事看得大得不得了。现在看来，也没有什么了不起的。一个人相信马克思主义，这当然很好，这说明他进步。一个人不相信，或者暂时不相信，他也完全有自由，这也绝非反革命。我自己过去不是也不相信马克思主义吗？从来就没有哪一个人一生下就是马克思主义者，连马克思本人也不是，遑论他人。我们今天知人论事，要抱实事求是的态度。[1]

---

①季羡林：《回忆梁实秋先生》，《季羡林全集》第 2 卷，北京：外语教学与研究出版社，2009 年版，第 139 页。

自从中学时期国文教员胡也频逃亡、牺牲之后，季羡林老实读书，再也没有卷入过政治斗争的旋涡。所以很多年后，他仍是以远离政治的学者视角，看待知识分子的不同选择。

季羡林当时只有三十八岁，自言还算不上中年，很容易接受新鲜事物，留在大陆接受新的意识形态并没有什么困难。人民政府接管北大之后，他就忙了起来。由于国家外交需要东方语言的人才，东语系迅速扩大，甚至有一段时间，成为全校最大的系。学生人数在几年间增加了二百多倍，由三四人变成八百人；教员的人数也随之增加了十倍。季羡林作为系主任，工作量激增，繁忙程度可想而知。另一方面，他也参加了教授会的筹备组织工作，并进一步参加了教职员联合会的筹备组织工作。这些工作也耗费了大量时间和精力。

1951 年 9 月，季羡林随中国赴印缅文化代表团坐火车从北京出发，取道广州、香港，参观、访问了缅甸和印度这两个邻邦。季羡林虽然一直研究梵文和印度文化，可这还是第一次有机会来到印度考察，给他留下了深刻的印象。直到 1952 年 1 月，代表团才回到北京。

1952年，全国高校学习苏联经验，进行大规模的院系调整。经过调整之后，私立大学全部改为公立，清华大学的文科合并入其他高校，变成工科院校。燕京大学、圣约翰大学等教会性质的高校亦被裁撤、合并。北京大学合并了原燕京大学的文法各学院，并搬迁到京郊燕京大学旧址，与清华大学比邻，也就是今天北京大学所在的位置。北大内部的东语系也做了调整，原来属于国内少数民族语言部分，划归到中央民族学院（今中央民族大学），东语系只保留外国语言专业。经过调整和扩大，东语系有了日本语、梵巴语、朝鲜语、阿拉伯语、缅甸语、越南语、印地语、印度尼西亚语、蒙古语、泰语、波斯语、乌尔都语等专业，成为名副其实的东语系，平稳发展，日趋繁荣。

学校迁到燕园之后，季羡林住到位于北大东门外蓝旗营的公寓。此时，妻子和婶母还在山东照顾年迈的叔父，季羡林继续只身一人的生活。早餐就是烤馒头片、花生米，就一杯浓茶；午餐就用大搪瓷缸在食堂打饭，往往多打一些，晚上饿了就把剩饭在炉子上热一热。后来儿子、女儿都大学毕业了，虽然都留在北京，也都是在城里工作并住在城里，但只有周末来探望父亲。有一次季羡林发高烧 40 多度，也没人照料。当时家中没有电话，系里也不知道情况，儿女周末去探望，季羡林差点连起床开门都做不到。

1951 年底，学校的秩序还没有十分安定，季羡林尚在印度时，中央即在全国范围内开展了俗称“三反”“五反”的思想改造运动。教育部于 1951 年底发出《关于天津高等学校教师学习及反贪污反浪费反官僚主义运动的指示》，要求高校教师积极参加这一运动，号召学校成立节约检查委员会，教师更是要以思想改造为中心。所谓“三反”，指“反贪污、反浪费、反官僚主义”；稍后的“五反”，是指“反行贿、反偷税漏税、反盗骗国家财产、反偷工减料、反盗窃国家经济情报”。在北大，思想改造成了教授们要人人过关的项目，具体实行办法就是自我检查，群众评议。

这一时期，还有批判电影《武训传》，批判《早春二月》，批判胡适、俞平伯等资产阶级学术思想等运动。学术界、文化界、艺术界被牵涉到的人数不少，附带还进行了一次清查历史反革命的运动。

经过院系调整，当年“清华四剑客”中的吴

组缃和林庚也来到了北大，三剑客齐聚北大，季羡林十分感慨：

> 五十年代初的院系调整，组缃和林庚又都来到了北大，我们这“三剑客”在暌离二十年后又在燕园聚首了。此时我们都已成了中年人，家事、校事、国事，事事萦心。当年的少年锐气已经磨掉了不少，非复昔日之狂纵。燕园虽秀美，但独缺少一个工字厅，缺少一个水木清华。我们平常难得见一次面，见面大都是在校内外召开的花样繁多的会议上。一见面，大家哈哈一笑，个中滋味，不足为外人道也。①

“惜别君未婚，儿女忽成行。”当年意气风发的少年朋友，为生活所驱策各奔东西，到家事国事纷繁的中年再聚燕园，又不得不在各种“运动”中各自起起伏伏，心中滋味万千，恐怕也只能“却道天凉好个秋”了。

季羡林作完了“自我检查”，过了关，也取得

---

①季羡林：《悼组缃》，《季羡林全集》第 2 卷，北京：外语教学与研究出版社，2009 年版，第 340 页。

了参加领导东语系思想改造运动的资格，后来他甚至成了文、法两个学院的领导小组组长。这样一来，他更加忙碌了，开会越来越多：白天开会，晚上开会，天天开会。季羡林说，自己是个性格内向的人，在大庭广众中、在盛大的宴会或招待会中，总是会浑身紧张，局促不安，学不会应对进退、如鱼得水的社交本领。但是命运却偏偏把他推到了行政工作的舞台上，又把他推进了社会活动的中心，甚至国际活动的领域。加上受“左”倾思想影响而开展的各种政治运动，从前那种极有规律的平静的学术生活，已经难以为继了。直到开了三四十年的会以后，他还对人调侃，自己现在的专业是开会。可惜大学里没有开设“开会学”这一门课，如果有的话，自己是最理想的主讲教授：

> 我对开会真正下了功夫，费了时间。从上到下，从里到外，从大到小，从长到短，从校内到校外，从国内到国外，形式不同，内容各异，我都能应付裕如，如鱼在水，提其纲而挈其领，钩其要而探其玄，理论和实践，都达到了极高的水平。如果教委和国务

院学位委员会批准建立“开会学”博士点，我相信，我将是第一个合格的“博导”。①

这幽默调侃的语调背后，是一个学者与自己的志业南辕北辙，无法安心于简单规律的学术生活，不得已行政化和符号化的悲哀。1950年至1956年间，季羡林只勉强有四篇算是学术文章，还有一篇是旧有资料连缀为主，不尽如人意。其中有五年，他没有写任何学术研究论文，只有一些学习、纪念性的文章和译作。一个学者最年富力强的学术黄金时间，就这样度过了。

1957年，“反右”运动开始，季羡林没有被席卷，既不用批判别人，自己也没有被批判。在接下来的几年，是更多的政治运动和社会运动，“大跃进”“拔白旗插红旗”“四清运动”，等等。季羡林当然不可能超然世外，如1965年的“四清运动”，要求在农村中“清工分，清账目，清仓库和清财物”，后期还有“清思想，清政治，清组织和清经济”。季羡林带队本校学生到北京郊区的南

---

①季羡林：《学海泛槎》，《季羡林全集》第5卷，北京：外语教学与研究出版社，2009年版，第280页。

口村，负责整党的工作，1966 年奉命回校。

总的来说，季羡林在这一段时间生活比较稳定，精神上也没有太大负担。他在 1956 年加入了中国共产党。在忙碌的政治运动之余，他写了《再论原始佛教的语言问题》《中国纸盒造纸法最初是否由海路传到印度去的?》《原始佛教的历史起源问题》等近十篇学术论文。

1962 年，叔父过世后，婶母与妻子搬到了北京。季羡林不适合再住蓝旗营单身公寓，全家搬到了朗润园 13 号院。季羡林 18 岁结婚，却过了近 30 年的单身生活。如今终于一家团聚。对于妻子彭德华，季羡林是非常尊重的，认为她是传统眼光中当之无愧的贤妻：

> 在道德方面，她却是超一流的。上对公婆，她真正尽上了孝道；下对子女，她真正做到了慈母应做的一切；中对丈夫，她绝对忠诚，绝对服从，绝对爱护。她是一个极为难得的孝顺媳妇，贤妻良母。她对待任何人都是忠厚诚恳，从来没有说过半句闲话。她不会撒谎，我敢保证，她一辈子没有说过半句谎话。如果中国将来要修《二十几史》，而

> 其中又有什么“妇女列传”或“闺秀列传”的话，她应该榜上有名。①

这一段时期，也是季家温暖和谐，其乐融融的一段时光。朗润园风光秀丽，曲径通幽；山上苍松翠柏，林间鸟飞蝉鸣；到了夏天，荷塘里接天莲叶，红荷映日。季羡林一家是这里的第一户住户。他们生活简朴，满屋除了书籍、字画，就是绿植、盆栽。婶母每天一早背着一个黑布袋去购买蔬菜、食材；妻子和婶母一起操持家务，饭菜可口。儿女也分别成家，在周末一家老小团聚，共享天伦之乐。

1966 年至 1976 年，更激进的运动席卷了中国大陆。季羡林才知道，跟此后数年“狂风暴雨”般的运动相比，之前实在是“温水洗澡”的微小波澜而已。在这十年中，季羡林被学生举报，被批斗，被关进牛棚。他成了一个“不可接触者”：

> 在这十年内，我除了开会，被打倒，被关进牛棚，被批斗，被痛打之外，没有时间和心情搞什么学术研究。到了后期，虽然我头上被

①季羡林：《寸草心》，《季羡林全集》第 3 卷，北京：外语教学与研究出版社，2009 年版，第 22 页。

> 诬陷而戴上的无数顶离奇古怪的帽子一顶也还没有摘掉，但已走出了牛棚，被分配到东语系的办公楼和学生宿舍去看守门房。收发信件和报纸，传送电话。我作为一个“不可接触者”，枯坐门房中，有时候忙，有时候又闲得无聊。①

就在这样的情况下，季羡林不甘心浪费时光，决定偷偷翻译印度梵文史诗《罗摩衍那》。他在晚上悄悄将史诗原文译成中文散文，抄在小纸条上。白天在收发室里，再悄悄拿出来仔细揣摩，将散文改成诗体韵文。在季羡林看来，原文是诗，如果译文是散文的话，只能叫作“释义”（paraphrase），不能叫翻译。他当时当然没有想过发表、出版，只是单纯地习惯了学者生活，不愿意在毫无意义的枯坐中虚度光阴。

1973 年到 1976 年，从一张小条、一张纸片开始，季羡林不断地翻译、抄写、誊写、记录……这部大概 300 万字的梵文巨著，他差不多翻译了共 7 篇中的 3 篇，滴水穿石，也算是不小的成绩。

①季羡林：《学海泛槎》，《季羡林全集》第 5 卷，北京：外语教学与研究出版社，2009 年版，第 299 页。

第八章
学无止境　恒以穷年

季羡林曾经感慨，“时光是超乎物外的，它根本不管人世间的悲欢离合，从无始至无终，始终是狂奔不息……其间风风雨雨，坎坎坷坷，中国的老知识分子无不有切肤之痛，大家心照不宣，用不着再说了。”① 新中国成立时，三十八岁的季羡林觉得自己还很年轻，很容易接受新鲜事物。待到一切政治运动尘埃落定，再回首已经是1978年，将近三十年的时光弹指一挥间，恢复北大教职、一级教授的季羡林已经六十七岁了。

这一年，他被任命为北大副校长。此后的数

---

①季羡林：《悼组缃》，《季羡林全集》第2卷，北京：外语教学与研究出版社，2009年版，第340页。

年间，各种虚实职务扑面而来，挡也挡不住，辞也辞不掉。院系、学校、国家各种各样的公务、会议、接待占据了他几乎所有的时间，别人对他的称呼，也从“季先生”“老季”，变成了“季老”。他在全国性的学术团体中被选为各种主席、会长或名誉主席、名誉会长，或是不顾不问的“顾问”。曾经有人粗略估算过，季羡林的各种兼职、挂名，20 世纪 80 年代初就有四五十个，后来更是多到上百个。准确数目，恐怕谁也算不清楚了。此外，还有各种大型丛书，上千册的，上百册的，来找他担任主编。至于各种请他来作序的书籍更是多得不计其数，还有各式各样的来信也有多封。再加上电视采访，拍照录音，也是常事。几乎每天，季羡林家里都是宾客盈门。但是，季羡林并没有为这些事务性的工作和文化交流而放弃学术。相反，学术志业才是他安身立命之本，是他的挚爱。在白白耗费了几十年的人生后，他更觉得一寸光阴一寸金，要争分夺秒地补回来。他曾在一篇文章中，抄录了朱熹的诗《偶成》：

少年易老学难成，

一寸光阴不可轻。

未觉池塘春草梦，
阶前梧叶已秋声。

他认为这首诗，不只对青年有教育意义，对老年人也同样。光阴，对青年和老年来说，都是转瞬即逝，必须爱惜。

从回国任教开始，季羡林就形成了稳定的作息时间，多年未变。清晨四点钟，他准时起床。简单洗漱之后，就来到书桌前，打开台灯，开始一天的工作。这是他一天头脑最清醒、思维最敏捷、学术写作效率最高的一段时间。一直到早上七点左右，他才停下来，开始吃饭、准备上班。现在季羡林忙得不亦乐乎，白天的时间几乎都被各种公务占用，早上这三个小时就变得更加珍贵和重要。他这一时期大部分学术研究工作，就是在这段晨光中完成的。“文革”结束后，季羡林的主要学术成就，包括《罗摩衍那》翻译和相关比较文学研究，《大唐西域记》校注和相关研究，“糖史”和中印文化交流研究，吐火罗语《弥勒会见记剧本》的翻译和研究等几个方面。

首先，是《罗摩衍那》的翻译和相关比较文学研究。从1973年到1983年，历时十载，季羡林终于将《罗摩衍那》这部五千多页，九万余行的巨著翻译完成。人民文学出版社从 1980 年起，陆续出版了这套精美的巨著。这是全世界迄今除英译本之外，仅有的外文全译本。它与《摩诃婆罗多》并称印度两大史诗，全书以“颂体”写成，共有七篇：分别是《童年篇》《阿逾陀篇》《森林篇》《猴国篇》《美妙篇》《战斗篇》和《后篇》。一般认为，《童年篇》和《后篇》成书较晚。

“罗摩衍那”是梵文罗摩的历险经历的意思，主要讲述阿逾陀国王子罗摩和他妻子悉多悲欢离合的故事。阿逾陀城国王十车王有四个儿子，长子罗摩神勇，娶了弥提罗国公主悉多。十车王决定立罗摩为太子，但他的第二个王后提出流放罗摩十四年和立她的亲生儿子婆罗多为太子的要求。由于十车王有诺言在先，必须应允王后的要求。罗摩为使父王不失信义，答应流放。妻子悉多和兄弟罗什曼那，都愿意随罗摩一起流放。老国王死后，婆罗多被召回继承王位。他得知真相后，不愿篡权夺位，带领军队去森林，希望找回兄长罗摩。但罗摩坚守诺言，一定要等十四年期满再回去。婆罗多带回罗摩的一双鞋子供在王座上，自己代为摄政。接下来，魔王罗波那劫走了美丽的悉多。罗摩兄弟俩碰到神猴哈奴曼，在神猴的劝说下与猴王结盟，帮助猴王夺回王位，猴王也答应帮助罗摩夺回妻子。罗摩率领猴兵来到海边，神猴哈奴曼一跃过海，来到楞伽城。他变成一只猫，在城内四处查看，终于在御花园中发现了被魔王囚禁的悉多。为了试一试魔王的威力，哈奴曼大闹楞伽城。结果他被魔王擒住，尾巴被点燃。哈奴曼伺机逃脱，所到之处，烈焰四起，火烧了楞伽城。哈奴曼纵身跳过大海向罗摩复命。在神猴与猴兵的帮助下，罗摩兄弟终于杀死了魔王和他全部的儿子，救回悉多。但罗摩怀疑悉多的贞操，悉多投火自明，证明了贞洁。夫妻团圆，流放期满，罗摩回国收回了王位，将阿逾陀城治理得井井有条。最后一篇应该为后人所加。主要讲罗摩认为民间不相信悉多的贞洁，将有孕在身的悉多遗弃。悉多被蚁垤仙人收留，在净修林生下一对双胞胎儿子。后来儿子们寻找机会与父亲相认，并证明母亲的清白。罗摩却仍然认为无法取信于民。悉多只好呼唤大地母亲。顿时大地裂开，悉多纵身投入裂口当中。最后，罗摩兄弟都升入天国，恢复为毗湿奴神。

围绕《罗摩衍那》，季羡林还撰写了一篇《〈西游记〉里面的印度成分》的学术论文。关于《西游记》与印度神话的关系，在中国学术界观点不同，主要集中在小说主人公孙悟空身上。胡适、郑振铎、陈寅恪等偏重于其受印度的影响，鲁迅则偏重于其受本土神话尤其是《山海经》的影响。鲁迅在《中国小说史略》中说："明吴承恩演《西游记》，又移其神变奋迅之状于孙悟空，于是禹伏无支祁故事遂以堙昧也。"季羡林认为，整个《西游记》受印度影响至深，猪八戒和沙僧都能在汉译佛经中找到根源，孙悟空形象亦是受印度史诗《罗摩衍那》中的猴子那罗、哈奴曼等的影响更明显。他认为，无支祁的神话，除了在中国个别地区流行外，实在流行不广，无足轻重。而《罗摩衍那》过去虽然没有汉译本，但靠口头传布，亦不至于没有汉文字版本就无法流传而为人所知。于是，他在汉译佛典中找到了不少同《西游记》中某些故事相似的故事，影响之迹，彰明较著。自此，孙悟空形象与神猴哈奴曼之渊源关系，渐成学术界之定论。此外，季羡林还撰写了《〈罗摩衍那〉初探》《〈西游记〉与〈罗摩衍那〉》《〈罗摩衍那〉在中国》《印度史诗〈罗摩衍那〉的诗律》等研究论文。

其次，是重新校注《大唐西域记》以及围绕这部书的相关研究。1978 年，季羡林接下主持《大唐西域记》的校注工作，邀集几位学者，在中华书局的大力支持下，展开工作。《大唐西域记》是贞观年间，奉唐太宗之命，由玄奘述，辩机撰的一部书。记述了玄奘亲历上百个城邦、地区、国家之概况，包括疆域、气候、山川、风土、人情、语言、宗教、佛寺等，还夹杂了大量的历史传说、神话故事等。这部书版本复杂，在西欧、日本的注释、研究颇丰，在国内却一直没有很好的梳理。现在由一众学者分头负责不同部分的校订、注释，季羡林除了通读全书注释、修订定稿之外，就是为此书写了近十万言的“前言”:《玄奘与〈大唐西域记〉》。他写了将近两年，对此书之方方面面，细致深入地加以探讨。可以说，这篇前言费时长，查阅的资料多，对产生这部巨著的时代背景和地域条件都详加论列，利于读者加深理解：

唐初，“丝绸之路”虽颇畅通，东西方文

化交流也极频繁；但是唐统治者并不鼓励其臣民随意出国。玄奘离开中国边境时，几为巡逻者射毙，幸得脱免，终达天竺。但当玄奘在印度留学十余年回国时，他的声誉日隆，震动五天。唐太宗热烈欢迎，成为长安一大盛事。唐太宗并非虔信佛教，大概玄奘这个人有许多过人之处，从而得到了太宗的垂青，劝他还俗，许以高官厚禄。玄奘虽拒而未从，但仍与太宗诚意周旋。我因此把玄奘与德国伟大诗人歌德相比，我认为不无道理。唐王室尊老子李耳为祖，当然偏信道教。但一般说来，他们的宗教政策是儒、释、道三教并提。总而言之，佛教发展到了唐初，已经越过了光辉的顶点，虽后来有唐宪宗等沉溺之，也已无济于事。武则天崇佛，并伪造佛典，实出于政治目的。谁要是认为武则天真正信佛，那是上了当。从中国佛教史的角度来看，佛教当时已经走下坡路了。①

①季羡林：《季羡林自传》，北京：中国当代出版社，2008年版，第255页。

季羡林在这篇前言中除了对时代背景——中印佛教文化交流进行了详细论述之外，还设立专章评述了玄奘法师。他力图客观地评价这位高僧，既给他以极高的赞誉，同时对他“世故”的方面，也没有为尊者讳，因之将其比作德国的伟大诗人歌德。1985 年，中华书局出版了季羡林主持校注的《大唐西域记校注》，受到学术界的高度赞誉。但是学术研究总是很难穷尽，季羡林很清楚，即便这样一部花费众多学者心血的成果，校注时对它的理解仍有缺漏。对于自己所作的前言忽视了另一重要人物辩机，季羡林也一直耿耿于怀。20 世纪 90 年代后，季羡林还决心重组班子，重新校注，以期能够出版世界最高水平的校注本。真是生命有限，而求真知无涯。

与之相关联的学术研究，还有一篇《关于大乘上座部的问题》。这是一篇相当重要的论文，解决了一个印度佛教史上颇为重要的问题。关于佛教，人们知道只有小乘才有上座部、大众部等部派之别，而大乘是没有的。那么为什么在《大唐西域记》中却多次出现“大乘上座部”这个名词呢？这给中西佛教史学者，特别是研究《大唐西域记》的学者带来了相当的困惑，也产生了许多自相矛盾的解释。季羡林根据巴利文佛典和锡兰（今斯里兰卡）史籍给出了自己的解释。锡兰佛教信仰，虽以小乘上座部为主，但是大乘思想始终输入未断；无畏山住部受大乘思想影响更是特别深刻而显著；许多典型的大乘思想渗入小乘，在大乘萌芽时期，更为明显。这在印度佛教史上是一个非常重要的问题。锡兰小乘的三个部派，主要是两个部派，它们所遵行的律并无歧义。但是，在学说方面，无畏山住部却不断接受大乘影响。在早期，接受原始大乘的功德转让等学说；到了玄奘的时期，又接受大乘瑜伽思想（可能也有中观思想）。因此，所谓“大乘上座部”，并不是大乘与上座部两种东西，而是接受大乘思想的小乘上座部一种东西，只是包含着大乘与小乘两方面的内容。[1] 季羡林给《大唐西域记》中的“大乘上座部”这个词作了较为准确的注释，同时又撰写了这篇学术论文，依据原始文献，详细展开了自己的观点。

再次，是以“蔗糖”为中心的文化交流史方

①参见季羡林：《季羡林自传》，北京：中国当代出版社，2008 年版，第 256—257 页。

面的研究。这是季羡林后期学术研究最负盛名的成果之一。关于糖史的研究，始于1981年，最终完成于1998年，分国内篇、国际篇和结束语三编，洋洋73万言，是季羡林篇幅最大的学术著作。季羡林在《〈糖史〉自序》中说，“我写《糖史》，与其说是写科学技术史，毋宁说是写文化交流史。”① 对于“糖”的兴趣，要追溯到欧洲留学时期。那时候，季羡林发现一个有趣的语言现象：

> 欧美许多国的语言中（即所谓印欧语系的语言）表示“糖”这个食品的字，英文是sugar，德文是zucker，法文是sucre，俄文是caxap，其他语言大同小异，不再列举。这些字都是外来语，根源就是梵文的sarkara。表示“冰糖”或“水果糖”的字是：英文是candy，德文是Kandis，法文是candi，其他语言也有类似的字。这些字都是外来语，根源就是梵文的śarkarā和khandak。②

①季羡林：《〈糖史〉自序》，《季羡林全集》第18卷，北京：外语教学与研究出版社，2009年版，第2页。

②季羡林：《〈糖史〉自序》，《季羡林全集》第18卷，北京：外语教学与研究出版社，2009年版，第2页。

这说明欧洲原来没有糖和冰糖，这些外来词汇是随着“糖”一起从印度传入的。在中国也有很多这样的词汇，比如“咖啡”“可可”“苹果派”等。不过季羡林在20世纪40年代主要的研究兴趣还在语言学方面，并没有文化交流史方面的研究计划。1981年，一张当年被法国学者从敦煌带到欧洲的卷号为P3303的敦煌卷子，辗转到了季羡林手里。季羡林在经文的背面，竟然发现了抄写着印度制糖术的残卷，惊喜之至。了解敦煌卷子的人都会知道，佛经卷子，如果没有抄写的时间，则价值不大；有了抄录时间，则价值立增。而佛典以外的东西，比如中国古籍和变文等，则视若瑰宝。至于科技资料，则直如凤毛麟角，堪称瑰宝中之瑰宝了。这张敦煌残卷，有制糖法抄录于佛经背面，是因为当时纸张极为珍贵，所以一纸两用。这张残卷价值非凡，但一时没有人能够破解，因而兜兜转转才送到了季羡林手里。季羡林最初也不能读通，昼思夜想后，逐渐认识到：整张卷子的关键就在“煞割令”一词上。此词若能解决，则通篇皆活。果然皇天不负有心人，有一天他忽然顿悟：“煞割令”不就是梵文的 śarkarā

吗？这个问题破解了，其他部分就都迎刃而解了。于是他撰写了《一张有关印度制糖法传入中国的敦煌残卷》的文章，解读了这张敦煌残卷的内容。从破译这张敦煌残卷起，季羡林开始了真正的糖史研究。他先后发表了《蔗糖的制造在中国始于何时》《古代印度砂糖的制造和使用》《欧、美、非三洲甘蔗种植和砂糖制造》《cīnī 问题——中印文化交流的一个例证》《唐太宗与摩揭陀——唐代印度制糖术传入中国的问题》《再谈 cīnī》等单篇论文，并通过长时间大量的原始文献的爬梳、考证，最后用了近二十年的时间，完成了这部巨著。

《糖史》包含很高的科技史价值，说明了甘蔗的种类、名称、种植技术及其传播、交流的路线，考证出了交流的时期，运输、集散的口岸，还描述了蔗糖由于在印度、欧洲、波斯、阿拉伯、中国等地不断交流，制糖技术不断提高，一步步制作出今天常见的白砂糖、冰糖的整个历史过程。当然，这部巨著更大的价值，在于以一斑窥全豹，从“糖”这样一个角度，展示了国际文化交流的轨迹。它用大量事实为依据证明了，“在先秦时期，中国已经有了甘蔗，当时写作‘柘’。中国可能还有原生蔗。但只饮蔗浆，或者生吃。到了比较晚的时期，才用来造糖。”① 当时中国的制糖技术还比较粗糙，在贞观二十一年（647），唐太宗派使者到印度去学习制糖技术。此后，中国“青出于蓝而胜于蓝”，提高了制糖技术，将紫砂糖净化为白糖，“色味愈西域远甚”。这样，中国的白糖又传回了印度。因此，印度语中称白糖为 cīnī（意为中国的）。到了明末，中国人发明“黄泥水淋法”，用这种方法制出来的糖，颜色接近纯白，是当时世界上品质最好的糖，传播到世界各地。这种交流和互相的影响，是中外文化交流史中常见的非常普遍的现象。

季羡林后来在《〈中印文化关系史论文集〉前言》中曾说，他希望以自己的研究，纠正人们对于中印文化交流关系的误解。因为很多人认为，两千多年的漫长时期中，主要是中国向印度学习。季羡林通过具体研究，发现中国确实从印度学习了大量的东西，丰富了我们的文化；中国文化也传入印度，并且产生了影响，只是因为印度不大

①季羡林：《〈糖史〉自序》，《季羡林全集》第18卷，北京：外语教学与研究出版社，2009年版，第3页。

注重历史，这方面明确的记载不多，所以才产生文化单向影响的错觉。通过季羡林的糖史研究，就可以看出中印两国之间在千年来总是互相学习、彼此互补的，并不存在什么“一边倒”的问题。

最后，是关于吐火罗文甲种焉耆文《弥勒会见记剧本》的研究。季羡林自1946年回国之后，因为没有相关语料，不得不中断吐火罗文研究数十年。1981年，新疆博物馆将新发现的44张共88页（每张两面都写有文字）用中亚斜体婆罗米字母写成的古文字残片送到季羡林手里。博物馆的工作人员揣测是吐火罗文A残卷，希望他帮忙释读。季羡林认为自己这方面的研究中断太久，对吐火罗文已经颇为生疏，最初颇为忐忑不安。试读了几张后，他欣喜地发现，这是一篇吐火罗语A焉耆文的戏剧残卷，而且明确无误地写着书名：《弥勒会见记剧本》，还有剧本的幕数。这部书不仅仅是佛经，而且是一部文学作品，“剧本”的字样是明白无误的。这不但对研究佛教史有价值，也有益于文学史的研究。这样的材料比单纯的佛经更为难得，更有价值。

欣喜之余，季羡林开始了对这些残片的研究。

弥勒在佛教教义中是未来佛。在中亚和我国新疆一带，弥勒信仰曾经极为流行。西克和西克灵教授合著的《吐火罗文残卷》中，就收录过不同版本的《弥勒会见记剧本》，都是从我国新疆一带出土的。不过，各地研究吐火罗文的学者，从来没有译释过这些戏剧残片。当然不是不愿意做这项工作，而是这些残卷实在是没有一页是完整的，非常残破，释读起来困难极大。季羡林决定啃一啃这个硬骨头。这一工作的烦琐和困难可想而知。这些残卷出土时，页码顺序完全是混乱的。他开始用拉丁文转写婆罗米字母，逐渐对这些残卷的内容有了大概的了解；然后理出大概的顺序，为残卷的译释工作奠定初步的基础。

接下来，季羡林以这些残卷为资料，进一步展开研究。吐火罗文是一种新发现的文字，出土时不但没有人认识，没有现成的语法，更没有现成的字典，学者们只能通过极少数的梵文吐火罗文双语材料，辅之以其他办法，逐渐认识吐火罗文。西克和西克灵教授做的就是这样的工作。但是他们花了三十多年时间，不认识的字还比比皆是。因此，研究吐火罗文的重要任务之一，就是

想办法认识从前不认识的字。倘若能想方设法多认识几个新字，无疑就是重要的贡献。季羡林在德国时，曾经通过汉译佛典《福力太子因缘经》等书的德译本，新认识了几个吐火罗文，西克教授当时极为兴奋。季羡林因此形成了利用汉、藏译佛典解读吐火罗文的学术研究思路。顺着这个思路，他发现残卷好几个地方都有关于三十二相的记载。西克和西克灵教授的书中也有关于“相”的记载，但限于残片，都不全。现在新出土的残片上居然也有，两下拼凑起来，说不定就能完成一个比较完整的吐火罗文三十二相表，这会有助于对几个过去不认识的吐火罗文字的解释。于是他参考多部汉译佛经，还有几种梵文原文的佛经，撰写了《吐火罗语 A 中的三十二相》的论文，确定了一些新字的含义。例如 elā 这个字，在《吐火罗文语法》中还没有解释。从前有学者将 elā 解释为“出去”的，但没有事实根据。现在 elā 这个字又出现在三十二相中，根据已知的梵文与巴利文三十二相表相对应的单词，季羡林终于确定 elā 这个字的真正意思是“隐藏起来”。

有了一些研究基础，季羡林开始着手译释残

卷。他根据我国大量《弥勒会见记剧本》的回鹘文译本的残卷，在几位研究回鹘文的专家的帮助下，开始译释。虽然这些回鹘文残卷也是残缺不全的，但比起德国的收藏来是多得多的。季羡林先选了自己认为比较有把握的两张四页，译成汉文，又加上比较详细的注释。1983 年，季羡林发表了第一篇《新博本吐火罗语 A（焉耆语）〈弥勒会见记剧本〉1.31/21.31/11.91/11.91/2 四页译释》。随着研究的深入，他后来发现译文和注释，都有不够确切甚至是错误之处。在如此困难的条件下，这是难免的。学术研究永无止境，毕竟已经迈出了万里长征的第一步。于是季羡林一张张、一页页地翻译下去。后来这些成果有的在国内刊物上发表，有的译成了英文，在国外刊物上发表，有的还没有发表。因为有一些残片，在回鹘文译本残卷中，也找不到相对应的段落，所以无法译释，只好留待以后，有了新的材料或新的方法再来推进了。季羡林最终译完了三十多张，六十多页，将它们全部整理出来。

围绕吐火罗文的研究，季羡林还有一篇《说出家》的论文。这是一个很有意思的问题，“出

家”是我们一直到今天还使用的词语。但是，在印度梵文写成的佛经中，却只用“出走”，并没有说明从什么地方“出走”，也就是说没有这个“家”字。不过有趣的是，吐火罗文中却有这个“家”字。这到底是汉文受了吐火罗文的影响，还是吐火罗文受了汉文的影响？经过考证和分析，季羡林得出的结论是，吐火罗文受了汉文的影响。在中国民族语言史上，这也是一个颇有意义的语言影响现象。

除了以上四大类的学术研究，季羡林还延续自己20世纪40年代语言学研究领域的专长，撰写了《中世印度雅利安语二题》《三论原始佛教的语言问题》等重要语言学论文。总的来说，晚年季羡林虽然杂务缠身，身体也每况愈下，但仍然保持着旺盛的学术活力。他的大量学术成果都是以原创性基础资料挖掘为基础，或以考古出土文献为基础，填补了研究空白，也产生了巨大的学术影响，而绝非凭借盛名，重复之前学术观点的空泛文章。计算一下，从1978年开始，他每年都有大量学术文章发表，而且越是到后来，越是丰富。他平生最长最艰巨的两部著作——七十多万字的《糖史》和长达数十万字（因为部分用英文写成，字数难以准确统计）的吐火罗文A方言（焉耆文）《弥勒会见记剧本》的译释，都是在耄耋之年完成的。

季羡林在一篇自传文字和学术回忆录《学海泛槎》中，都曾对自己的学术研究思路和方法进行了较为详细的阐述。

总的来说，季羡林认为如果有志于科学研究工作，应该注意在四个方面有所积累：一是理论；二是知识面；三是外语；四是汉文。而进入科学研究的具体工作之后，则要注意研究方法、收集资料和问题意识几个方面。

科学的研究方法很多，季羡林最看重的研究方法就是考证。他一直很佩服胡适提出的“大胆假设，小心求证”的科学研究方法。他认为，人总不会一点想法也没有就撞进一个题目中去。在开始进行一个课题的研究时，我们对于这个课题总有一些自己的想法，这就是假设。所谓“大胆”，就是要破除前人研究思路的束缚，避免学术界陈陈相因。有了假设之后，当然不等于有了结论，更重要的一步是小心求证。根据文献资料或

科学实验的数据，来验证自己的假设，如果其中有同客观材料相违背之处，就要在假设中加以修订。这样反复多次，最后把假设证实。如果材料和实验的事实证明不了这个假设，那么只能推翻重来。

考证的学术研究方法，必须基于大量文献材料搜集之上。搜集材料并没有什么固定的规律，季羡林最常用的办法，是把自己认为有用的材料抄在卡片上，然后分门别类，加以排比。他还介绍了陈寅恪先生的眉批法，就是将材料和想法写在书边，今天写上一点，明天写上一点，材料积累到一定程度，从眉批移到纸上，就是一篇学术文章。例如读陈寅恪先生对《高僧传·鸠摩罗什传》的眉批，发现竟然比原文还要多出几倍。

具体的材料搜集和整理的方法，当然是极其辛苦和琐碎的。以《糖史》写作为例，这是季羡林开辟的一个新领域，必须自找新材料，万无偷懒的可能。搜集材料，没有什么捷径。那时电子文献库还很少，更何况很多文献经过别人整理电子化之后，可能出现错漏，只能算是二手材料。季羡林的办法就是找到原书，一行行，一句句地读下去，像沙里淘金一样，将浩如烟海的文献材料一本本地过，搜寻有用的部分：

> 我曾经从1993年至1994年，用了差不多两年的时间，除了礼拜天休息外，每天来回跋涉五六里路跑一趟北大图书馆。风雨无阻，寒暑不辍。我面对汪洋浩瀚的《四库全书》和插架盈楼的书山书海，枯坐在那里。夏天要忍受书库三十五六摄氏度的酷暑，挥汗如雨，耐心地看下去。有时候偶尔碰到一条有用的材料，便欣喜如获至宝。但有时候也枯坐半个上午，把白内障尚不严重的双眼累得个“一佛出世，二佛升天”，却找不到一条有用的材料，嗒然拖着疲惫的双腿，走回家来。经过了两年的苦练，我练就一双火眼金睛，能目下不是十行，二十行，而是目下一页，而遗漏率却小到几乎没有的程度。①

季羡林就是以如此的毅力，开疆辟土地收集一手材料，写成了《糖史》。他特意提出，反对先

①季羡林：《学海泛槎》，《季羡林全集》第5卷，北京：外语教学与研究出版社，2009年版，第483页。

确定结论，再去按照“结论”寻找材料的方法。他认为这种“以论代史”的研究方法，只有观点加例子，很可能回避了其他有矛盾冲突的材料或反例，不能充分必要地说明结论。他也反对随便搜集到一点材料，就动手写长篇论文的倾向。认为这样写成的文章，其结论之不可靠是显而易见的。在材料搜集的第一步，就要做相关研究的文献目录。只要与我们要写的文章有关的论文和专著的目录，研究者都必须清楚。否则，人家已经有了结论，而你还在卖力地论证，必然贻笑大方，不可不慎。

季羡林没有确切地提出学术文章的问题意识。但他认为，没有新意，不要写文章。这实际指出的就是学术研究中发现问题、分析和解决问题的重要性。尤其单篇的学术论文，总要发现前人的研究有所遮蔽，或者还是空白，或者阐释错误，或者发现了新的材料出土了新的考古文物，这才有重新探讨一个问题的必要。在论文中提出自己的新观点，异于前人的新材料或新发现，学术才能一步步、一代代向前发展。

此外，他还提到了学术研究的时间利用问题。

20 世纪 80 年代以后，季羡林的社会工作和社会活动极其繁忙，但他能以惊人的速度写出丰富的论文、散文、杂文以及各种应景之作，和他争分夺秒地利用时间是分不开的。他常常在开会的时候，只用一个耳朵或半个耳朵去听，兜住发言的全部信息量，而把剩下的一个耳朵或一个半耳朵全部关闭，把精力集中到脑海里，构思，写文章。在飞机上，火车上，汽车上，甚至自行车上，特别是在步行的时候，脑海里更是思考不停。将这些时间的“边角废料”都用上，自然大大提高了效率。

除了学术研究，季羡林一生还创作了大量散文。从 1933 年他在天津《大公报》发表散文《枸杞树》开始，一直到 2007 年出版的《病榻杂记》，他的一生跟散文结下了不解之缘。青年时代的散文多收入《因梦集》，笔调忧伤，婉转浓丽，颇有六朝之气；但胜在感情真挚，所以还是文质相当，不觉得甜腻。随着年龄的增长，他的散文浓丽之气散尽，到新中国成立初期变为明快积极的调子，这也是为时代风气所感染。待到后期散文，则是感情真实、质朴无华一类的老年散文了。不过他的散文味道并不枯淡，仍保留了青年时期“清新俊逸”的抒情气质。这在很多学者散文和老年散文中，倒是别具一格。季羡林自己曾说：

> 我的文笔可能是拙劣的，我的技巧可能是低下的，但是，我扪心自问，我的感情是真实的，我的态度是严肃的，这一点绝不含糊。我写东西有一条金科玉律：凡是没有真正使我感动的事物，我绝不下笔去写。[①]

抛开对于“文笔”“技巧”的自谦，季羡林还是提出了自己对散文核心的理解：那就是真正的感动，有感而作，则情怀不虚。

很多人都感到不解，到了季羡林这个年纪，有了这样大的名声，为何不躺在荣誉上安享生活，还要以昏花之老眼和经常生病之身躯，分秒必争，闻鸡起舞，过这种兢兢业业的学术和创作生活呢？难道是嫌名利不够吗？季羡林却认为，自己固然知道散步遛弯的老年生活舒适惬意，但是人活着不是为了多遛几年弯。正如人吃饭是为了活着，而活着绝不是为了吃饭，那不是人生的意义与目

---

①季羡林：《〈季羡林散文集〉自序》，北京：北京大学出版社，1986 年，第 4 页。

的。至于名利，年轻时的自己，的确有抓住一只“金饭碗”的思想，这或者可以叫作名利追求。但是如今到了望九之年，名利两方面都已经足够用了，再多反而会成为累赘。

那么，他这样做究竟是为了什么呢？这实际上涉及人生的终极意义问题。对于季羡林来说，这是他唯一愿意过的生活，是他人生终极的目的、价值和意义所在。他曾说，如果某天自己没能读写文章，静夜自思，便感内疚，认为是白白浪费了一天。从某种意义上来说，如果一个人的人生解构了价值，丧失了终极目的和意义，“死亡”便会成为唯一的目标，加速地带你走向终点。而学术生活，作为他终生的志业选择，真正能使他的内心获得平静和满足。正是这种让人内心平静、喜悦和满足的力量，推着季羡林，笔耕不辍，继续前行。

结　语
胸怀洒脱　归于自然

自 1984 年以来，季羡林不再担任北京大学副校长的职务；1989 年之后，他也不再担任全国人大常委会委员。逐渐地，他从各种政务上退了下来。但退职不等于退休，他依然在北大东方学系指导研究生，组织西域相关研究学者定期举行学术交流会，投身中国传统文化书院的建设，参与编纂《四库全书》等，在各方面都是成果颇丰。

1996 年 5 月 4 日，在北大电教中心礼堂，举行了北京大学东方学系五十周年暨季羡林教授从教五十周年庆祝大会。东方学系的五十年，也是季羡林的五十年。东方学系从最初只有几个老师、几个学生，一间十多平方米的房间就可以开全系大会，到半个世纪后，在大礼堂人头攒动，座无虚席，多年来已经培养了五千多名毕业生。而八十五岁高龄的季羡林，仍在传道授业解惑，他将自己的后半生，全部献给了这里。既是桃李满天下，也是实至名归。

转眼到了 2000 年。季羡林说自己很少照镜子，因此甚至没有感觉到头发变白的过程。但是在校园中偶遇一位熟人，几年不见，发已半白，心里才会蓦地震颤，感受到年华易老，时光如梭。年轻时无论如何也无法想象，自己竟然弹指一瞬间，就活到了八十九岁。在迎接新世纪新千年的散文中，他写道：

> 记得有两句诗："凡所难求皆绝好，及能如愿便平常"，我现在深深地认识到这朴素语言中蕴含的真理。我现在确实如愿了，但是心情平常到连平常的感觉都没有了。现在是 2000 年 1 月 1 日，同 1999 年的 12 月 31 日，除了多了一天以外，绝没有任何不同的地方。早晨太阳从东方升起，到了晚上，仍然会在西方落下。环顾我的房间，依然是插架盈室，书籍盈架。窗台上的那几盆花草依然绿叶葳蕤，春意盎然。窗外是严冬。荷塘里只剩下

残荷的枯枝，在寒风中抖动。①

对于季羡林来说，1999 年岁末与 2000 年元旦，只是昨日与今日之差别；这正如室内蓬勃的绿植与室外枯冷的荷枝，一岁一枯荣，都是万物自然使之，也没有什么区别，一切都是平常。这时的季羡林，近于一种胸怀洒脱、归于自然的心态，与从前已有不同。

2001 年，适逢季羡林九十岁大寿，学者王元化写了一篇《季羡林教授九十寿序》作为贺礼，给他一生的学术成就以极高的评价：

> 学界耆哲清平季希逋先生，平生力行乃师寅恪之言。早岁留德，于烽火连天之际，习梵文吐火罗文，以东方语文学之新材料新工具，精研西域佛教文史之新问题，覃思之深、创获之丰，已震动彼邦，沾被来彦。战后归国，不辱重任，一手创办北大东语系，弦歌不辍，桃李满园，渐化欧洲垄断之显学，

① 季羡林：《迎新怀旧——二十一世纪第一个元旦感怀》，《季羡林全集》第 3 卷，北京：外语教学与研究出版社，2009 年版，第 197 页。

而为中土浓荫之大树。晚岁更译蚁蛭书、校西域记、著糖史；述作等身，河润千里；传音震响，布教八方。自王（静安）、陈（寅恪）以还，于东方学用意之专、愿力之大、成就之卓绝，未有如先生者。[1]

2008年7月4日上午，季羡林又一次从301医院回到了北大朗润园的家里。在此之前，为了方便治疗和照顾，他已经长期住在医院了。他回到自己原来工作的书房，在这里久久不愿离去。查看了自己心爱的书籍资料之后，他开始寻找半个多世纪前就已经辞世的朋友章用的诗作遗稿。在浩如烟海的书籍和资料中，九十七岁高龄的季羡林终没能找到这部诗稿。他嘱咐助手一定要找到，他想在医院里看看。不过，对所有人来说，这不过是一个名不见经传的人物，一卷不重要的文字。除了季羡林自己，谁会记得他呢？

季羡林曾在散文《忆章用》中说，“俊之的死却同别人的死都不一样：生死之悲当然有；但另

①王元化：《季羡林教授九十寿序》，《王元化集》第7卷，武汉：湖北教育出版社，2007年版，第544页。

外还有知己之感”，又说，“‘死人活在活人的记忆里。’俊之就活在我的记忆里。”① 文章写于1946年。六十几年就这样过去了，如今季羡林每日的生活，除了看病住院，就是在各种人的陪同下不断迎来送往，会见、访谈、拜谒、致辞、出席……这些，都是别人所需要的“季老”。而季羡林自己需要的，也许只是老友临终前的一本薄薄的诗稿。泛黄的纸片，俊秀的字体，陈年的墨香，以及生死之悲，知己之感。还有哥廷根的数位师长，晚年十分孤独的瓦尔德施密特夫妇，哥廷根一别再无相见的西克、哈隆教授；还有自己中意却擦肩而过的荷姐，美丽多情却终身未嫁的伊姆加德，同样美丽的与自己有缘无分的马理……流年岁月中，多少年华老去，他们却始终在自己记忆里，生动而鲜活。

2009年7月11日上午9时，季羡林先生在北京301医院辞世，享年98岁。

---

①季羡林：《忆章用》，《季羡林全集》第1卷，北京：外语教学与研究出版社，2009年版，第107页。

参考书目

《季羡林全集》第1—30卷，北京：外语教学与研究出版社，2009年版。

季羡林：《季羡林自传》，北京：当代中国出版社，2008年版。

季羡林：《季羡林日记：留德岁月》，南昌：江西人民出版社，2014年版。

季羡林口述、蔡德贵整理：《季羡林口述人生》，北京：外语与教学研究出版社，2010年版。

季羡林口述、蔡德贵整理：《大国学：季羡林口述史》，西安：陕西师范大学出版社，2010年版。

季承：《我和父亲季羡林》，北京：新星出版社，2010年版。

蔡德贵：《季羡林传》，西安：陕西师范大学出版社，2009年版。

蔡德贵编著：《季羡林年谱长编》，长春：长春出版社，1990 年版。

胡光利、梁志刚著：《季羡林大传》（全 3 卷），哈尔滨：哈尔滨出版社，2013 年版。

季羡林国际文化研究院：《凡人伟业——中外学人眼中的季羡林》，北京：中国文联出版社，2008 年版。